Les 15 plus belles histoires de princes et de princesses

Coordination éditoriale : Alice Liège
Maquette intérieure : Laure Massin

ISBN : 978-2-07-065924-1

Numéro d'édition : 263489
Loi n° 49-956 du 16 juillet 1949
sur les publications destinées à la jeunesse
Dépôt légal : avril 2014
Imprimé en Chine

Illustrations
Couverture : Marguerite Courtieu, Axel Scheffler,
Antoon Krings, Antoine de Saint-Exupéry, Tony Ross et Pef
Page de copyright : Babette Cole
Page 3 : Susan Varley, Emma Chichester Clark, Axel Scheffler et Tony Ross
Page 4 : Axel Scheffler et Emma Chichester Clark
Page 5 : Caroline Dall'Ava et Axel Scheffler
Pages de crédits : Charlotte Roederer

Le papier de cet ouvrage est composé de fibres naturelles, renouvelables,
recyclables, et fabriquées à partir de bois provenant de forêts plantées et cultivées expressément
pour la fabrication de la pâte à papier.

Les 15 plus belles histoires de princes et de princesses

GALLIMARD JEUNESSE

Sommaire

Zébulon le dragon

Julia Donaldson • Axel Scheffler

Mme Dragon dirigeait une école,
depuis la nuit des temps.
Elle apprenait aux petits dragons
ce qu'ils devraient savoir, plus tard.

Zébulon, le plus gros dragon,
était aussi le plus passionné.
Il travaillait avec acharnement
pour gagner l'étoile dorée.

En Première année, les dragons
apprenaient à voler.
– Plus haut ! criait Mme Dragon.
Plus haut, les enfants !
Maintenant qu'on vous a montré,
à vous de vous entraîner.
Et vous serez champions de vol libre
quand vous serez grands.

Zébulon fut le premier à s'entraîner.
Il s'envola sans difficulté.

Il montait, descendait,
tourbillonnait quand, soudain…

il se cogna
contre un arbre.

Une petite fille qui passait par là
lui dit :
– Oh, ne pleure pas ! s'il te plaît.
Veux-tu que je te mette
un beau sparadrap sur le nez ?

– Excellente idée ! répondit Zébulon, consolé.
Et hop, il s'envola en zigzaguant dans le ciel bleu
avec son sparadrap étincelant.

Un an après, en Deuxième année,
les dragons apprirent à rugir.
– Plus fort ! cria Mme Dragon.
Plus fort, encore un effort !
Maintenant qu'on vous a montré,
à vous de vous entraîner.
Et vous serez champions
de rugissements quand vous
serez grands.

Zébulon fut le premier
à s'entraîner.

Il rugit à pleins
poumons.

Il continua des heures
durant, recommença
tant de fois…

qu'il se cassa la voix.

Alors la petite fille
qui passait par là lui dit :
– Quelle déveine ! Veux-tu
une pastille à la menthe
pour la gorge et l'haleine ?

– Excellente idée ! répondit Zébulon, rassuré.
Et hop, il s'envola en zigzaguant dans le ciel bleu
et les vapeurs de menthe.

Un an après, en Troisième année,
les dragons apprirent
à cracher du feu.
– Non ! cria Mme Dragon.
C'est du feu que je veux,
pas des flocons blancs !
Maintenant qu'on vous a montré,
à vous de vous entraîner.
Et vous cracherez des feux
de joie quand vous serez grands.

Zébulon fut le premier à s'entraîner.

Il cracha de toutes ses forces :
victoire !

Il virevolta, fou de joie…

et le bout de son aile
s'enflamma.

Alors la petite fille qui passait par là lui dit:
– Viens ici, pauvre petit. Veux-tu un bandage pour ton aile roussie?

– Excellente idée! répondit Zébulon, presque guéri. Et hop, il s'envola en zigzaguant dans le ciel bleu, son bandage flottant derrière lui.

Tous les dragons de Quatrième année
apprenaient…
Avez-vous deviné ?
– Oui ! s'écria Mme Dragon. À capturer
une princesse !

Maintenant qu'on vous a montré,
à vous de vous entraîner.
Vous devrez en capturer des centaines
quand vous serez grands.

Zébulon fut le premier
à s'entraîner.
Il essaya, batailla.
Mais, non, il n'y parvint pas.
– Ce n'est vraiment pas
mon fort, se lamenta-t-il.
Jamais je n'obtiendrai
l'étoile dorée.

C’est alors qu’il vit la petite fille.
– Ne veux-tu pas me capturer ?
lui proposa-t-elle. Je suis princesse Perle.

– Excellente idée !
répondit Zébulon, enthousiasmé.
Et hop, il s’envola en zigzaguant
dans le ciel bleu, la princesse
sur son dos.

– Ah, ah ! s’exclama Mme Dragon.
Voilà notre première princesse !
Félicitations, mon cher Zébulon ;
tu as bien mérité ton étoile dorée !

Zébulon était content
et fier de lui.
Et Perle était ravie,
elle aussi.

Elle prenait la température
des dragons fatigués…

et les soignait
quand ils tombaient.

Un an après, en Cinquième année, les dragons apprirent à se battre.

– Génial ! dit Mme Dragon. Voilà un vrai chevalier, en chair et en os !

– Mon nom est Tagada le Grand et je suis venu délivrer la princesse Perle. J'espère qu'il n'est pas trop tard.

Zébulon cracha du feu et battit des ailes.
– C'est impossible ! Elle est à moi ! rugit-il.
– Certainement pas ! hurla Tagada
en brandissant sa fidèle épée.

Tous les dragons s'approchèrent pour
mieux voir qui allait remporter le combat,
Zébulon ou messire Tagada ?

Alors la princesse Perle se précipita en criant :
– Arrêtez ! Vous êtes fous ! Ne trouvez-vous pas
qu'il y a trop de plaies et de bosses
en ce monde ? Ne me délivrez surtout pas !
Je ne veux plus vivre comme une princesse,
ni me pavaner dans le palais en robe
à froufrous. Je veux courir la planète, être
médecin, écouter battre les cœurs et à tous
donner des soins.

– Moi aussi ! s'exclama le chevalier
en ôtant son heaume argenté.
Il me plaît fort, ton stéthoscope
en tire-bouchon. Princesse,
veux-tu m'apprendre le métier ?

– Bien volontiers, mais,
à deux, nous ne tiendrons pas
sur ton canasson.

Zébulon dit :
– Des médecins volants !
Quel beau métier !
J'aimerais tant travailler
avec vous. Je serais votre
ambulancier et je vous
transporterais partout.
– Bravo ! conclut Mme Dragon.
Voilà un métier d'avenir.

Et tous les grands dragons
rugirent de plaisir.

Puis Mme Dragon s'adressa au cheval :
– J'aimerais vous proposer de rester. Vous joueriez avec les petits et mangeriez du foin à volonté.

– Excellente idée ! dit Zébulon.
Et hop, il s'élança en zigzaguant dans le ciel bleu, emportant sur son dos les deux médecins volants.

La belle au bois dormant

Charles Perrault • Charlotte Roederer

Il était une fois un roi et une reine, qui étaient si fâchés de n'avoir point d'enfants, si fâchés qu'on ne saurait dire. Ils allèrent à toutes les eaux du monde : vœux, pèlerinages, menues dévotions, tout fut mis en œuvre, et rien n'y faisait. Enfin, pourtant, la reine devint grosse et accoucha d'une fille. On fit un beau baptême ; on donna pour marraines à la petite princesse toutes les fées qu'on put trouver dans le pays (il s'en trouva sept), afin que chacune d'elles lui faisant un don, comme c'était la coutume des fées en ce temps-là, la princesse eût par ce moyen toutes les perfections imaginables. Après les cérémonies du baptême toute la compagnie revint au palais du roi, où il y avait un grand festin pour les fées. On mit devant chacune d'elles un couvert magnifique, avec un étui d'or massif, où il y avait une cuiller, une fourchette, et un couteau d'or fin, garnis de diamants et de rubis.

Mais, comme chacun prenait sa place à table, on vit entrer une vieille fée qu'on n'avait point priée parce qu'il y avait plus de cinquante ans qu'elle n'était sortie d'une tour, et qu'on la croyait morte, ou ensorcelée. Le roi lui fit donner un couvert, mais il n'y eut pas moyen de lui donner un étui d'or massif, comme aux autres, parce que l'on n'en avait fait faire que sept pour les sept fées. La vieille crut qu'on la méprisait, et grommela quelques menaces entre ses dents. Une des jeunes fées qui se trouva près d'elle l'entendit et, jugeant qu'elle pourrait donner quelque fâcheux don à la petite princesse, alla dès qu'on fut sorti de table se cacher derrière la tapisserie, afin de parler la dernière, et de pouvoir réparer autant qu'il lui serait possible le mal que la vieille aurait fait. Cependant les fées commencèrent à faire leurs dons à la princesse. La plus jeune lui donna pour don qu'elle serait la plus belle personne du monde ; celle d'après, qu'elle aurait de l'esprit comme un ange ; la troisième, qu'elle aurait une grâce admirable à tout ce qu'elle

ferait ; la quatrième, qu'elle danserait parfaitement, bien ; la cinquième, qu'elle chanterait comme un rossignol ; et la sixième, qu'elle jouerait de toutes sortes d'instruments dans la dernière perfection.

Le rang de la vieille fée étant venu, elle dit, en branlant la tête encore plus de dépit que de vieillesse, que la princesse se percerait la main d'un fuseau, et qu'elle en mourrait. Ce terrible don fit frémir toute la compagnie, et il n'y eut personne qui ne pleurât. Dans ce moment la jeune fée sortit de derrière la tapisserie et dit tout haut ces paroles :

– Rassurez-vous, roi et reine, votre fille n'en mourra pas ; il est vrai que je n'ai pas assez de puissance pour défaire entièrement ce que mon ancienne a fait. La princesse se percera la main d'un fuseau ; mais, au lieu d'en mourir, elle tombera seulement dans un profond sommeil qui durera cent ans, au bout desquels le fils d'un roi viendra la réveiller.

Le roi, pour tâcher d'éviter le malheur annoncé par la vieille, fit publier aussitôt un édit, par lequel il défendait à toutes personnes de filer au fuseau, ni d'avoir des fuseaux chez soi sous peine de mort.

Au bout de quinze ou seize ans, le roi et la reine étant allés à l'une de leurs maisons de plaisance, il arriva que la jeune princesse, courant un jour dans le château, et montant de chambre en chambre, alla jusqu'au haut d'un donjon dans un petit galetas, où une bonne vieille était seule à filer sa quenouille. Cette bonne femme n'avait point ouï parler des défenses que le roi avait faites de filer au fuseau.

– Que faites-vous là, ma bonne femme ? dit la princesse.

– Je file, ma belle, lui répondit la vieille qui ne la connaissait pas.

– Ah ! que cela est joli, reprit la princesse, comment faites-vous ? Donnez-moi que je voie si j'en ferais bien autant.

Elle n'eut pas plus tôt pris le fuseau que, comme elle était fort vive, un peu étourdie, et que d'ailleurs l'arrêt des fées l'ordonnait ainsi, elle s'en perça la main, et tomba évanouie. La bonne vieille, bien embarrassée, crie au secours : on vient de tous côtés, on jette de l'eau au visage de la princesse, on la délace, on lui frappe dans les mains, on lui frotte les tempes avec de l'eau de la reine de Hongrie ; mais rien ne la faisait revenir.

Alors le roi, qui était monté au bruit, se souvint de la prédiction des fées et, jugeant bien qu'il fallait que cela arrivât, puisque les fées l'avaient dit, fit mettre la princesse dans le plus bel appartement du palais, sur un lit en broderie d'or et d'argent. On eût dit un ange, tant elle était belle ; car son évanouissement n'avait pas ôté les couleurs vives de son teint : ses joues étaient incarnates et ses lèvres, comme du corail ; elle avait seulement les yeux fermés, mais on l'entendait respirer doucement, ce qui faisait voir qu'elle n'était pas morte. Le roi ordonna qu'on la laissât dormir en repos, jusqu'à ce que son heure de se réveiller fût venue. La bonne fée qui lui avait sauvé la vie, en la condamnant à dormir cent ans, était dans le royaume de Mataquin, à douze mille lieues de là, lorsque l'accident arriva à la princesse ; mais elle en fut avertie en un instant par un petit nain, qui avait des bottes de sept lieues (c'était des bottes avec lesquelles on faisait sept lieues d'une seule enjambée).

La fée partit aussitôt, et on la vit au bout d'une heure arriver dans un chariot tout de feu, traîné par des dragons. Le roi lui alla présenter la main à la descente du chariot. Elle approuva tout ce qu'il avait fait ; mais, comme elle était grandement prévoyante, elle pensa que, quand la princesse viendrait à se réveiller, elle serait bien embarrassée toute seule dans ce vieux château : voilà ce qu'elle fit. Elle toucha de sa baguette tout ce qui était dans ce château (hors le roi et la reine), gouvernantes, filles d'honneur, femmes de chambre, gentilshommes, officiers, maîtres d'hôtel, cuisiniers, marmitons, galopins, gardes suisses, pages, valets de pied ; elle toucha aussi tous les chevaux qui étaient dans les écuries, avec les palefreniers, les gros mâtins de basse-cour, et la petite Pouffe, petite chienne de la princesse, qui était auprès d'elle sur son lit. Dès qu'elle les eut touchés, ils s'endormirent tous, pour ne se réveiller qu'en même temps que leur maîtresse, afin d'être tout prêts à la servir quand elle en aurait besoin ; les broches mêmes qui étaient au feu toutes pleines de perdrix et de faisans s'endormirent, et le feu aussi. Tout cela se fit en un moment ; les fées n'étaient pas longues à leur besogne. Alors le roi et la reine, après avoir baisé leur chère enfant sans qu'elle s'éveillât, sortirent du château, et firent publier des défenses à qui que ce soit d'en approcher.

Ces défenses n'étaient point nécessaires, car il crût dans un quart d'heure tout autour du parc une si grande quantité de grands arbres et de petits, de ronces et d'épines entrelacées les unes dans les autres, que ni bête ni homme n'y aurait pu passer : de sorte qu'on ne voyait plus que le haut des tours du château, encore n'était-ce que de bien

loin. On ne douta point que la fée n'eût encore fait là un tour de son métier, afin que la princesse, pendant qu'elle dormirait, n'eût rien à craindre des curieux.

Au bout de cent ans, le fils du roi qui régnait alors, et qui était d'une autre famille que la princesse endormie, étant allé à la chasse de ce côté-là, demanda ce que c'était que des tours qu'il voyait au-dessus d'un grand bois fort épais ; chacun lui répondit selon qu'il en avait ouï parler. Les uns disaient que c'était un vieux château où il revenait des esprits ; les autres que tous les sorciers de la contrée y faisaient leur sabbat. La plus commune opinion était qu'un ogre y demeurait, et que là il emportait tous les enfants qu'il pouvait attraper, pour les pouvoir manger à son aise, et sans qu'on le pût suivre, ayant seul le pouvoir de se faire un passage au travers du bois. Le prince ne savait qu'en croire, lorsqu'un vieux paysan prit la parole, et lui dit :

– Mon prince, il y a plus de cinquante ans que j'ai ouï dire à mon père qu'il y avait dans ce château une princesse, la plus belle du monde ; qu'elle y devait dormir cent ans, et qu'elle serait réveillée par le fils d'un roi, à qui elle était réservée.

Le jeune prince, à ce discours, se sentit tout de feu ; il crut sans balancer qu'il mettrait fin à une si belle aventure ; et, poussé par l'amour et par la gloire, il résolut de voir sur-le-champ ce qu'il en était. À peine s'avança-t-il vers le bois que tous ces grands arbres, ces ronces et ces épines s'écartèrent d'eux-mêmes pour le laisser passer : il marche vers le château qu'il voyait au bout d'une grande avenue où il entra, et ce qui le surprit un peu, il vit que personne de ses gens ne l'avait pu suivre, parce que les arbres s'étaient rapprochés dès qu'il avait été passé. Il ne laissa pas de continuer son chemin : un prince jeune et amoureux est toujours vaillant. Il entra dans une grande avant-cour où tout ce qu'il vit d'abord était capable de le glacer de crainte : c'était un silence affreux, l'image de la mort s'y présentait partout, et ce n'était que des

corps étendus d'hommes et d'animaux, qui paraissaient morts. Il reconnut pourtant bien, au nez bourgeonné et à la face vermeille des suisses, qu'ils n'étaient qu'endormis, et leurs tasses où il y avait encore quelques gouttes de vin montraient assez qu'ils s'étaient endormis en buvant. Il passe une grande cour pavée de marbre, il monte l'escalier, il entre dans la salle des gardes qui étaient rangés en haie, la carabine sur l'épaule, et ronflant de leur mieux.

Il traverse plusieurs chambres pleines de gentilshommes et de dames, dormant tous, les uns debout, les autres assis ; il entre dans une chambre toute dorée, et il vit sur un lit, dont les rideaux étaient ouverts de tous côtés, le plus beau spectacle qu'il eût jamais vu : une princesse qui paraissait avoir quinze ou seize ans, et dont l'éclat resplendissant avait quelque chose de lumineux et de divin. Il s'approcha en tremblant et en admirant, et se mit à genoux auprès d'elle. Alors comme la fin de l'enchantement était venue, la princesse s'éveilla ; et le regardant avec des yeux plus tendres qu'une première vue ne semblait le permettre :

– Est-ce vous, mon prince ? lui dit-elle, vous vous êtes bien fait attendre.

Le prince charmé de ces paroles, et plus encore de la manière dont elles étaient dites, ne savait comment lui témoigner sa joie et sa reconnaissance ; il l'assura qu'il l'aimait plus que lui-même. Ses discours furent maladroits, ils en plurent davantage ; peu d'éloquence, beaucoup d'amour. Il était plus embarrassé qu'elle, et l'on ne doit pas s'en étonner ; elle avait eu le temps de songer à ce qu'elle aurait à lui dire, car il y a apparence (l'histoire n'en dit pourtant rien) que la bonne fée, pendant un si long sommeil, lui avait procuré le plaisir des songes agréables. Enfin il y avait quatre heures qu'ils se parlaient, et ils ne s'étaient pas encore dit la moitié des choses qu'ils avaient à se dire.

Cependant tout le palais s'était réveillé avec la princesse ; chacun songeait à faire sa charge et, comme ils n'étaient pas tous amoureux, ils mouraient de faim ; la dame d'honneur, pressée comme les autres, s'impatienta, et dit tout haut à la princesse que la viande était servie. Le prince aida la princesse à se lever ; elle était tout habillée et fort magnifiquement ; mais il se garda bien de lui dire qu'elle était habillée comme ma mère-grand, et qu'elle avait un collet monté ; elle n'en était pas moins belle. Ils passèrent dans un salon de miroirs, et y soupèrent, servis par les officiers de la princesse ; les violons et les hautbois jouèrent de vieilles pièces, mais excellentes, quoiqu'il y eût près de cent ans qu'on ne les jouât plus ; et après souper, sans perdre de temps, le grand aumônier les maria dans la chapelle du château, et la dame d'honneur leur tira le rideau ; ils dormirent peu, la princesse n'en avait pas grand besoin, et le prince la quitta dès le matin pour retourner à la ville, où son père devait être en peine de lui.

Le prince lui dit qu'en chassant il s'était perdu dans la forêt, et qu'il avait couché dans la hutte d'un charbonnier, qui lui avait fait manger du pain noir et du fromage. Le roi son père, qui était bon homme, le crut, mais sa mère n'en fut pas bien persuadée et, voyant qu'il allait presque tous les jours à la chasse, et qu'il avait toujours une raison en main pour s'excuser, quand il avait couché deux ou trois nuits dehors, elle ne douta plus qu'il n'eût quelque amourette : car il vécut avec la princesse plus de deux ans entiers, et en eut deux enfants, dont le premier, qui fut une fille, fut nommé Aurore, et le second un fils, qu'on nomma Jour, parce qu'il paraissait encore plus beau que sa sœur.

La reine dit plusieurs fois à son fils, pour le faire expliquer, qu'il fallait se contenter dans la vie, mais il n'osa jamais se fier à elle de son secret ; il la craignait quoiqu'il l'aimât, car elle était de race ogresse, et le roi ne l'avait épousée qu'à cause de ses grands biens ; on disait même tout bas à la cour qu'elle avait les inclinations des ogres, et qu'en voyant passer de petits enfants, elle avait toutes les peines du monde à se retenir de se jeter sur eux ; ainsi le prince ne voulut jamais rien dire. Mais, quand le roi fut mort, ce qui arriva au bout de deux ans, et qu'il se vit le maître, il déclara publiquement son mariage, et alla en grande cérémonie quérir la reine sa femme dans son château. On lui fit une entrée magnifique dans la ville capitale, où elle entra au milieu de ses deux enfants.

Quelque temps après, le roi alla faire la guerre à l'empereur Cantalabutte, son voisin. Il laissa la régence du royaume à la reine sa mère, et lui recommanda fort sa femme et ses enfants : il devait être à la guerre tout l'été et, dès qu'il fut parti, la reine mère envoya sa bru et ses enfants à une maison de campagne dans les bois, pour pouvoir plus aisément assouvir son horrible envie. Elle y alla quelques jours après, et dit un soir à son maître d'hôtel :

– Je veux manger demain à mon dîner la petite Aurore.

– Ah ! Madame, dit le maître d'hôtel.

– Je le veux, dit la Reine (et elle le dit d'un ton d'ogresse qui a envie de manger de la chair fraîche) et je la veux manger à la sauce Robert.

Ce pauvre homme voyant bien qu'il ne fallait pas tenir tête à une ogresse, prit son grand couteau, et monta à la chambre de la petite Aurore : elle avait pour lors quatre ans, et vint en sautant et en riant se jeter à son col, et lui demander du bonbon. Il se mit à pleurer, le couteau lui tomba des mains, et il alla dans la basse-cour couper la gorge à un petit agneau, et lui fit une si bonne sauce que sa maîtresse l'assura qu'elle n'avait jamais rien mangé de si bon. Il avait emporté en même temps la petite Aurore, et l'avait donnée à sa femme pour la cacher dans le logement qu'elle avait au fond de la basse-cour. Huit jours après, la méchante reine dit à son maître d'hôtel :

– Je veux manger à mon souper le petit Jour.

Il ne répliqua pas, résolu de la tromper comme l'autre fois.

Il alla chercher le petit Jour, et le trouva avec un petit fleuret à la main, dont il faisait des armes avec un gros singe ; il n'avait pourtant que trois ans. Il le porta à sa

femme qui le cacha avec la petite Aurore, et donna à la place du petit Jour un petit chevreau fort tendre, que l'ogresse trouva admirablement bon.

Cela était fort bien allé jusque-là ; mais, un soir, cette méchante reine dit au maître d'hôtel :

– Je veux manger la reine à la même sauce que ses enfants.

Ce fut alors que le pauvre maître d'hôtel désespéra de la pouvoir encore tromper. La jeune reine avait vingt ans passés, sans compter les cent ans qu'elle avait dormi : sa peau était un peu dure, quoique belle et blanche ; et le moyen de trouver dans la ménagerie une bête aussi dure que cela ?

Il prit la résolution, pour sauver sa vie, de couper la gorge à la reine, et monta dans sa chambre, dans l'intention de ne pas s'y reprendre à deux fois ; il s'excitait à la fureur, et entra le poignard à la main dans la chambre de la jeune reine. Il ne voulut pourtant point la surprendre, et il lui dit avec beaucoup de respect l'ordre qu'il avait reçu de la reine mère.

– Faites votre devoir, lui dit-elle, en lui tendant le col ; exécutez l'ordre qu'on vous a donné ; j'irai revoir mes enfants, mes pauvres enfants que j'ai tant aimés ; car elle les croyait morts depuis qu'on les avait enlevés sans lui rien dire.

– Non, non, Madame, lui répondit le pauvre maître d'hôtel tout attendri, vous ne mourrez point, et vous ne laisserez pas d'aller revoir vos chers enfants, mais ce sera chez moi où je les ai cachés, et je tromperai encore la reine, en lui faisant manger une jeune biche en votre place.

Il la mena aussitôt à sa chambre, où la laissant embrasser ses enfants et pleurer avec eux, il alla accommoder une biche, que la reine mangea à son souper, avec le même appétit que si c'eût été la jeune reine. Elle était bien contente de sa cruauté, et elle se préparait à dire au roi, à son retour, que les loups enragés avaient mangé la reine sa femme et ses deux enfants.

Un soir qu'elle rôdait à son ordinaire dans les cours et basses-cours du château pour y flairer quelque viande fraîche, elle entendit dans une salle basse le petit Jour qui pleurait, parce que la reine sa mère le voulait faire fouetter, à cause qu'il avait été méchant, et elle entendit aussi la petite Aurore qui demandait pardon pour son frère. L'ogresse reconnut la voix de la reine et de ses enfants et, furieuse d'avoir été trompée, elle commande dès le lendemain au matin, avec une voix épouvantable qui faisait trembler tout le monde, qu'on apportât au milieu de la cour une grande cuve, qu'elle fit remplir de crapauds, de vipères, de couleuvres et de serpents, pour y faire jeter la reine et ses enfants, le maître d'hôtel, sa femme et sa servante : elle avait donné ordre de les amener les mains liées derrière le dos. Ils étaient là, et les bourreaux se préparaient à les jeter dans la cuve, lorsque le roi, qu'on n'attendait pas si tôt, entra dans la cour à cheval; il demanda tout étonné ce que voulait dire cet horrible spectacle; personne n'osait l'en instruire, quand l'ogresse, enragée de voir ce qu'elle voyait, se jeta elle-même la tête la première dans la cuve, et fut dévorée en un instant par les vilaines bêtes qu'elle y avait fait mettre. Le roi ne laissa pas d'en être fâché: elle était sa mère; mais il s'en consola bientôt avec sa belle femme et ses enfants.

Le Roi BéBé

Alex Sanders

Il était une fois…
un tout petit roi…
Chut ! Chut ! Il dort,
il ne faut pas le réveiller…
Chut !

Ah, le voilà bien éveillé, bien installé,
l'histoire va pouvoir commencer…
Il était une fois un tout petit roi,
grand comme le petit doigt.
Il n'en faisait qu'à sa guise,
car c'était le roi. Mais comment ?
Comment ! Un si petit bébé, déjà roi !

Mais oui, mais oui ! Cette histoire est celle du Roi BéBé Areu-Areu Ier. Elle commença un jour où il n'était pas encore roi, sur le pont-levis en chocolat du Château Gâteau.
– Nom d'un dindon farci ! s'écria le Roi MiamMiam qui habitait là, un bébé abandonné ! Pauvre petit bébé, comme tu dois avoir faim !

Vite, vite ! Le Roi MiamMiam fit préparer cent plats pour le petit bébé. Il le trouvait à croquer.
–Tiens, mon petit chou ! Voilà encore un poulet ! Tu as du sanglier, du gigot, du gâteau ! Est-ce que ce sera assez ? Je vais voir aux cuisines si le reste est prêt.
Mais, pendant ce temps-là, le bébé grimpa sur la table…

… et jeta tout par terre.
– Da ! Aga ! Da ! Areu ! Areu ! Splash ! Splitch ! Sploutch !
– Nom d'un baba au rhum ! Petit cornichon ! s'exclama le gros Roi MiamMiam en voyant tous ses bons plats gâchés.
Il en eut l'estomac retourné à tel point que, sur-le-champ, il porta le bébé devant la porte d'un autre château.

C'était le château du Roi DoDo.
– Oh, un bébé abandonné ! Comme il doit être fatigué ! songea le bon Roi DoDo.
Et il le coucha dans son lit.

Le bébé aimait bien le Roi DoDo. Mais le Roi DoDo commençait à le trouver bien trop fatigant. Il voulait toujours jouer. Puis il se mettait à crier, à pleurer, et méritait souvent une royale fessée.
Alors, courageusement, le Roi DoDo se leva de son lit et, lâchement, abandonna le bébé devant la porte d'un autre château.

Ce fut au tour du Château Chatouille d'être dévasté. La superbe collection de la Reine GuiliGuili fut bien vite toute déplumée.
Ce petit monstre de bébé faisait bêtise sur bêtise : la Reine BoBo en savait quelque chose !
La Reine GuiliGuili en avait plus qu'assez.
Plus personne ne voulait de ce bébé.
Une royale assemblée eut lieu
pour décider ce qu'on allait faire.

– Si on le mangeait ? proposa
le Roi MiamMiam.
– Non ! Non !
– Si on le cachait dans la forêt,
on ne le retrouverait jamais...
chuchota la Reine CacheCache.

– J'ai une idée ! hurla le Roi ZinZin.
C'était une idée farfelue et géniale,
digne du Roi ZinZin. Ce bébé sera Roi !
s'exclama-t-il.
– Génial ! Magnifique ! Sublime !
Tout le monde était d'accord.
– Vive Areu-Areu 1er ! Vive le Roi BéBé !

On construisit alors un petit château tout mignon qui porta le nom de Château Biberon. Le Roi BéBé allait pouvoir s'y amuser, crier, être câliné et dorloté car, au service de Sa Majesté BéBé, il y avait cent nourrices et cent valets.

Chut, maintenant, le Roi BéBé dort! Fermons tout doucement le livre pour ne pas le réveiller...

La princesse Finemouche

Babette Cole

La princesse Finemouche ne voulait pas se marier. Cela lui plaisait bien d'être une demoiselle.

Comme elle était très mignonne et très riche,
tous les princes convoitaient sa main.

Mais la princesse désirait vivre dans son château,
avec ses petits chéris et n'en faire qu'à sa tête.

–Il serait temps que tu te pomponnes
un peu, lui dit la Reine-sa-Mère.
Arrête de tripoter ces bestioles
et trouve-toi un mari !

Les prétendants ne cessaient de venir
au château et de faire les intéressants.
–Okay, annonça la princesse Finemouche,
j'accorderai ma blanche main
à celui qui triomphera des épreuves
que je lui imposerai.

Elle demanda au prince Beaugazon
d'empêcher les chenilles
de se goinfrer dans
son jardin.

Elle pria le prince Risquetout
de nourrir ses petits chéris.

Elle défia le prince Elvis à un concours
de rock en patins à roulettes.

Elle invita le prince
Vieutacot à faire
une balade à moto.

De la plus haute tour, elle appela
le prince Vertigo à son secours.

Elle envoya le prince Malabar
couper du bois dans la forêt du Roi.

Elle suggéra
au prince des Arçons
de dégourdir un peu
son poney.

Elle dit au prince
Carpette d'emmener
la Reine-sa-Mère
faire des emplettes.

Elle ordonna au prince Tuba de récupérer
son anneau magique dans le bassin des poissons rouges.

Aucun des princes ne sortit
victorieux de l'épreuve.
Ils repartirent tous vexés
comme des poux.
– Ouf ! dit Finemouche
qui se croyait sauvée.

C'est alors que le prince Flambard
sonna à la porte du château.

Il empêcha les chenilles de dévorer ses plates-bandes…

il gava ses petits chéris…

dansa et patina jusqu'à l'aube…

… fit des kilomètres à moto.

Il escalada
la plus haute tour
et vint à son secours.

Il dénicha du petit bois dans la forêt du Roi.

Il réussit même
à dompter
son sale poney.

Il emmena la Reine-sa-Mère
faire des emplettes…

… et récupéra l'anneau dans le bassin
des poissons rouges.

Le prince Flambard
ne trouvait pas la princesse
si fine mouche que ça. Alors,
elle lui donna un bai-ser-ma-gi-que…

… et il se transforma
en un énorme crapaud
couvert de pustules !

Le prince Flambard
repartit à toute allure !

Quand ils apprirent ce qui était arrivé
à leur copain, les autres princes n'eurent
PLUS DU TOUT envie d'épouser
la princesse Finemouche…
qui fut très heureuse
et vécut très longtemps.

Noémie Princesse fourmi

Antoon Krings

Plusieurs fois par jour, sur le chemin de la fourmilière, Noémie, la petite ouvrière, s'arrête devant la ruche. Ah, comme elle aime cette odeur, cette délicieuse odeur de cire mêlée de miel ! Et comme elle rêve de visiter cette noble et imposante demeure ! Il paraît que chaque pièce renferme un trésor, plus précieux encore que l'or. Mais les abeilles n'ont pas l'air commodes aujourd'hui. Écoutez comme ça bourdonne à l'intérieur ! Noémie ignore que c'est un signe de joie chez les abeilles, l'annonce d'une grande nouvelle…

– Comment ? Tu ne le sais pas encore ? Mais notre reine fête ses dix printemps, lui dit Mireille.

– Vraiment ! fait la fourmi, très impressionnée. Dix printemps !

– Oui, et ce n'est pas tout, s'empresse d'ajouter l'abeille. Pour l'occasion, tout le monde est invité à la ruche ce soir.

– À la ruche ! Ce soir ! Mais je ne suis pas prête !

– Eh bien, qu'est-ce que tu attends ? Dépêche-toi, va te changer !

Noémie s'approche de Mireille et lui avoue, un peu gênée :

– C'est que… je n'ai rien d'autre à mettre que ce vieux tablier.

– Fais un petit effort, essaie au moins de t'arranger un peu, lui dit l'abeille en s'envolant. Et si tu n'y arrives pas, demande aux amis de t'aider.

Pendant que Noémie court se préparer, Mireille retourne à la ruche où la reine des abeilles est occupée à faire son plan de table.
– Ma cousine Huguette à ma droite, mon cousin Léon à ma gauche, Barnabé le scarabée à ses côtés, Benjamin le lutin sur la chaise de jardin…
– Et les fourmis, Majesté, où faut-il les placer ? demande Mireille.
– Ah non ! Pas les fourmis ! s'écrie la reine. J'ai déjà dit que je ne voulais pas les voir ici. D'abord, elles se tiennent mal à table, et puis elles sont trop nombreuses, et puis… et puis la ruche n'est pas un sucrier que l'on peut piller impunément !

Mireille est très embêtée. Elle n'ose pas demander à Noémie de ne plus venir, maintenant qu'elle l'a invitée !
Mais elle ne peut pas non plus désobéir à sa reine. Ne sachant quoi faire, elle se confie à Loulou le pou.
– Fais-en une reine ou une princesse, lui assure-t-il. Et tu verras, on oubliera vite qu'il s'agit d'une fourmi !

Suivant les conseils du pou, Mireille retourne voir Noémie, qui finit juste de s'habiller.
– Alors, comment me trouves-tu ? demande la fourmi. Ne suis-je pas belle ainsi ? Mon chapeau, c'est la cigale qui me l'a donné. Le manteau, je l'ai trouvé chez Patouch la mouche. Et regarde les souliers que le mille-pattes m'a prêtés, ne sont-ils pas jolis ?
La pauvre parle de ses souliers dépareillés avec tant d'enthousiasme que Mireille n'ose pas la décevoir. Et pourtant, ce qu'elle est mal fagotée ! C'est bien simple, on dirait un épouvantail !

– J'espère que tu ne vois pas d'inconvénient à ce que je fasse quelques retouches, lui dit Mireille.
– Oh non, je ne demande pas mieux, répond la fourmi, pas contrariante.
– Il suffit de trois fois rien, précise l'abeille, en ramassant ce qui lui tombe sous la main. Quelques pétales de rose bien ourlés, un brin de raphia pour nouer le tout, une feuille joliment dentelée, ornementée d'une plume de duvet à la place du vieux chapeau troué, quelques gouttes de rosée en guise de collier…
Et voilà, le tour est joué !

– Oh ! merci, Mireille, merci ! balbutie Noémie la fourmi. Grâce à toi, je me sens désormais comme une… une vraie princesse !
C'est justement ce que Mireille voulait entendre avant de rentrer.
– À ce soir, princesse ! À ce soir ! dit l'abeille en s'envolant.

Le soir venu, tous les invités se pressent pour entrer dans la ruche. Du haut de sa petite taille, Noémie doit jouer des coudes pour ne pas se laisser marcher sur les pieds.
– Attention ! Mais faites donc attention à ma robe !
Elle a beau batailler, rien n'y fait, personne ne la ménage. Un pétale tombe, puis un autre, puis un autre encore. Son chapeau tombe à son tour, on le piétine…

… Et c'est bientôt une pauvre petite chose en loques qui se présente devant la reine des abeilles. Tous les regards se tournent alors vers Sa Majesté, stupéfaite, puis vers Noémie, défaite, puis de nouveau vers la reine, qui s'écrie :
– Au secours ! Une fourmi !
Affolée, Noémie court dans tous les sens, file entre les pattes des abeilles, entre les chaises, entre les invités, et soudain… ppffuit ! par une porte entrouverte disparaît dans le jardin.

À peine la fourmi a-t-elle le temps de reprendre son souffle et de se remettre de ses émotions que la fée Carole apparaît, plus pétillante que jamais.
– Eh bien, tu en fais une tête ! Pourquoi n'es-tu pas à la fête ?
Noémie se met à sangloter.
– La reine est fâchée, les abeilles m'ont chassée, tout ça parce que je suis une fourmi et que je suis mal habillée !
– Ah ça, par exemple ! s'écrie la luciole, indignée. Eh bien, ils vont voir ce qu'ils vont voir, fais-moi confiance !

Carole la luciole est une bonne fée,
mais elle est aussi une excellente couturière.
En un coup de baguette magique,
elle a tôt fait de transformer la fourmi
en une princesse de conte de fées.
– Et maintenant en route, Cendrillon !
Dépêchons-nous de nous rendre à la fête.

Cette fois, Noémie est accueillie
avec tous les égards dus à son rang
de perles ! On se presse pour l'admirer,
on se bouscule pour la complimenter.
Même la reine des abeilles semble ravie,
ce qui n'est pas peu dire !
– Comment s'appelle-t-elle déjà ?
– Noémie, Majesté, princesse Noémie,
héritière de la fourmilière.
La reine fronce les sourcils,
puis se radoucit aussitôt.
– En tout cas, j'aime beaucoup
son diadème et aussi ses souliers.
– Ses souliers de ver, Majesté,
de ver… à soie !
– Cela va de soi, cela va de soi !

Raiponce

Les frères Grimm • Emma Chichester Clark

Il était une fois un homme et une femme qui depuis longtemps désiraient en vain un enfant, enfin la femme fut en espérance que le bon Dieu exaucerait leur vœu. Ces gens avaient à l'arrière de leur maison une petite fenêtre par où l'on pouvait voir dans un superbe jardin plein des plus belles fleurs et herbes ; mais il était entouré d'un haut mur et personne n'osait y entrer car il appartenait à une magicienne qui avait un grand pouvoir et était redoutée de tout le monde. Un jour, la femme était à cette fenêtre et regardait en bas dans le jardin, voilà qu'elle aperçut une plate-bande qui était plantée des plus belles raiponces et elles étaient si fraîches et si vertes qu'elle eut une envie et ressentit le plus grand désir de manger des raiponces. Ce désir allait croissant chaque jour et, comme elle savait qu'elle n'en aurait pas, elle dépérit, eut une mine blême et misérable. Alors, l'homme prit peur et demanda :

– Que te manque-t-il, chère femme ?

– Ah ! répondit-elle, si je n'arrive pas à manger de raiponces du jardin qui est derrière notre maison, je meurs.

Le mari, qui l'aimait bien, pensa : « Avant de laisser mourir ta femme, tu vas lui chercher des raiponces, quel qu'en soit le prix. » Le soir, il sauta le mur du jardin de la magicienne, saisit en toute hâte une poignée de raiponces, et les apporta à sa femme. Elle les mit aussitôt en salade et les mangea goulûment. Mais elles lui avaient tant plu au goût que le lendemain elle en eut trois fois plus envie. Pour qu'elle se calmât, le mari dut encore une fois sauter le mur du jardin. Il le fit donc à la tombée du soir mais, quand il fut descendu du mur, il eut une peur énorme car il vit devant lui la magicienne.

– Comment peux-tu oser, dit-elle avec un regard courroucé, entrer par escalade dans mon jardin et me voler mes raiponces comme un larron ? Il t'en cuira.

– Ah ! répondit-il, faites prévaloir grâce sur droit, je ne m'y suis résolu que par nécessité : ma femme a aperçu vos raiponces par la fenêtre et éprouve une si grande envie qu'elle mourra si elle n'en a pas à manger.

Alors la magicienne revint un peu de son courroux et lui dit :

– S'il en est ainsi que tu le dis, je te permettrai d'emporter des raiponces tant que tu voudras, seulement je pose une condition : tu devras me donner l'enfant que ta femme mettra au monde. Il sera bien traité et j'en prendrai soin comme une mère.

L'homme dans son angoisse dit oui à tout et, quand la femme fut en couches, la magicienne aussitôt parut, donna à l'enfant le nom de Raiponce et l'emporta.

Raiponce devint la plus belle enfant du monde. Quand elle eut douze ans, la magicienne l'enferma dans une tour située dans une forêt et qui n'avait ni escalier ni porte, sauf tout en haut une toute petite fenêtre. Quand la magicienne voulait entrer, elle se plaçait au pied de la tour et criait :

Raiponce, Raiponce,
Laisse descendre tes cheveux.

Raiponce avait de superbes cheveux longs, fins comme l'or filé. Quand elle entendait la voix de la magicienne, elle défaisait ses nattes, les nouait en haut à un crochet de fenêtre et alors les cheveux tombaient vingt aunes plus bas et la magicienne y grimpait.

Après une paire d'années, il se trouvait que le fils du roi vint à cheval par la forêt et passa au pied de la tour. Alors il entendit un chant, s'arrêta et tendit l'oreille : c'était Raiponce qui passait ainsi le temps dans sa solitude à faire retentir sa charmante voix. Le fils du roi voulut monter jusqu'à elle et chercha une porte de la tour mais il n'en pouvait trouver. Il rentra à son logis, mais le chant avait si fort touché son cœur que chaque jour il retournait dans la forêt l'écouter. Un jour qu'il était ainsi derrière un arbre, il vit qu'une magicienne arrivait et criait vers le haut de la tour :

Raiponce, Raiponce,
Laisse descendre tes cheveux.

Alors Raiponce défit ses tresses, les laissant tomber, et la magicienne y grimpa. « Si c'est l'échelle par où l'on monte, je tenterai aussi ma chance un jour. » Et le lendemain, quand il commençait à faire sombre, il alla au pied de la tour et cria :

Raiponce, Raiponce,
Laisse descendre tes cheveux.

Aussitôt les cheveux tombèrent et le fils de roi y grimpa. D'abord Raiponce eut grand-peur quand un homme entra chez elle tel que ses yeux n'en avaient encore vu de pareil, mais le fils de roi se mit à lui parler tout à fait amicalement et lui conta que son cœur avait été à ce point ému par son chant qu'il ne l'avait plus laissé en repos et qu'il avait eu besoin de la voir en personne. Comme Raiponce revenait de sa frayeur, quand il lui demanda si elle voulait le prendre pour mari et vit qu'il était jeune et beau, elle pensa : « Celui-là m'aimera mieux que la vieille madame Gothel », et dit oui et mit sa main dans la sienne. Elle dit :

– Je veux bien aller avec toi, mais je ne sais comment je peux descendre. Si tu viens, apporte chaque fois un écheveau de soie, j'en tresserai une échelle et quand elle sera finie je descendrai et tu me prendras sur ton cheval.

Ils convinrent que désormais il viendrait tous les soirs la voir car de jour la vieille venait.

La magicienne ne s'aperçut de rien jusqu'au jour où Raiponce se mit à lui dire :

– Dis-moi donc, Dame Gothel, d'où vient-il seulement que j'ai bien plus de peine à vous hisser que le jeune fils de roi qui se trouve à l'instant auprès de moi ?

– Ah ! enfant abominable, s'écria la magicienne, que dois-je entendre de ta bouche ! Je pensais t'avoir séparée du monde entier et pourtant tu m'as trompée !

Dans sa colère, elle happa les beaux cheveux de Raiponce, les roula plusieurs fois autour de sa main gauche, saisit de la main droite des ciseaux et ritch, ratch ! elle les avait coupés, et les belles tresses gisaient par terre. Et elle fut sans pitié au point de mettre la pauvre Raiponce en un lieu désert où elle dut vivre dans la plainte et le désespoir.

Mais le même jour où elle avait exilé Raiponce, le soir, la magicienne noua les tresses coupées aux crochets de la fenêtre et quand le fils de roi vint et s'écria :

Raiponce, Raiponce,
Laisse descendre tes cheveux.

elle laissa pendre les cheveux jusqu'à terre. Le fils de roi grimpa, mais là-haut ne trouva pas sa chère Raiponce, mais la magicienne qui le regardait d'un air méchant et venimeux.

– Aha ! s'écria-t-elle, railleuse, tu veux emmener ta Dame Chérie, mais le bel oiseau n'est plus au nid et ne chante plus, le chat l'a emporté et lui arrachera les yeux en plus.

Le fils du roi fut hors de lui de douleur et dans son désespoir il sauta à bas de la tour ; il s'en tira vivant, mais les épines où il tomba lui crevèrent les yeux. Alors, aveugle, il erra dans la forêt ne mangeant rien que des baies et des racines et ne faisant rien que gémir et pleurer sur la perte de sa très chère femme. Ainsi quelques années il s'en fut errant et se trouva enfin dans le lieu désert où Raiponce vivait dans le besoin avec les deux jumeaux qu'elle avait eus, un garçon et une fille. Il entendit une voix et elle lui sembla connue ; il alla dans cette direction et, comme il arrivait, Raiponce le reconnut et se jeta à son cou en pleurant. Mais toutes ses larmes mouillèrent ses yeux, il vit à nouveau clair, et il voyait comme auparavant. Il la conduisit dans son royaume où il fut accueilli avec joie et ils vécurent encore longtemps, heureux et satisfaits.

Le voyage en bras long de la famille Motordu

PEF

Ce matin-là, la princesse Dézécolle surveillait le petit déjeuner de ses deux enfants, Marie-Parlotte et son frère, le petit Nid-de-Koala.
– Mon garçon, nota la princesse, tu en es à ta huitième Martine ! Bois vite, ton pôle de chaud Colas va refroidir. Prends donc exemple sur ta sœur !
– Pouh, fit Nid-de-Koala, cette chochotte se contente de petits flacons de céréales. Ah, les filles…
La princesse allait lui faire les gros yeux quand un bruit de moteur la fit sursauter :
– Serait-ce une machine agricole ? À cette heure, déjà ? Sortons sur-le-champ, les enfants, et voyons ce qu'il en est.

Une fois dehors, Nid-de-Koala interpella son père, le prince de Motordu :
– Eh bien ! Papa, on dirait que tu as encore bricolé une drôle de machine à lever ou à s'élever ?
L'engin volant en question ressemblait à un immense ballon. Il se terminait

par une main pointant du doigt la direction vers laquelle il avait l'intention de se diriger.
– C'est un bras long dirigeable, expliqua Motordu. Il est équipé d'une nacelle surmontée de ma toiture de course pour abriter les passagers. J'ai même prévu un moteur !
– Qui pète comme un beau diable ! nota Nid-de-Koala.
– Tu ne crois pas si bien dire, mon fils. Pour le faire fonctionner, expliqua Motordu, il me fallait un gaz spécial. Alors, par une nuit de pleine lune, je me suis rendu au plus profond de la forêt, là où vivent ces mystérieuses créatures que sont les lutins, les gnomes et les très horribles trolls. J'avais pris soin d'emmener de fort jolies peaux de chambre que je disposai dans une clairière. Les premiers êtres légendaires à apparaître furent les trolls.

Je les connaissais déjà bien pour les avoir dénombrés. Compter mes habitants fait partie de mon travail de prince. À votre intention, mes chers petits. Vous pouvez le vérifier dans vos livres de comptes pour enfants.
Les trolls me demandèrent à quoi pouvaient bien servir ces peaux de chambre. Je leur conseillai de… de… de lâcher quelques pets sur les peaux.

– Papa, c'est dégoûtant ! protesta Marie-Parlotte.

– Non, rien de plus naturel que le gaz naturel ! Je disais donc qu'ils n'avaient qu'à… qu'à péter. Ce qu'ils firent. Puis, je bouchai les peaux de chambre…

– Et ton nez aussi ?

– … que j'emmenai aussitôt dans mon cabinet de travail.

– Pourquoi ?

– Pour que je les transvase, de nuit, dans un réservoir spécialement étudié.

– Ça devait puer !

– Tu as un sacré toupet, mon fils ! Et l'essence, elle ne pue pas ?

– Pète bien que oui… Pète bien que non, hésita Nid-de-Koala.

– Tout cela n'est-il pas dangereux ? s'inquiéta la princesse.

– Non ! répondit son époux. Par mesure de sécurité, j'inscrivis aussitôt la nature du précieux carburant sur le réservoir : P-TROLL !
Les enfants admirèrent donc l'invention de leur père :

– Tu es un génial inmenteur, Papa !

Celui-ci annonça ensuite que, dès le lendemain, toute la famille s'embarquerait pour un grand voyage autour du monde et des gens, car le monde est plein…
… de monde !
Effectivement, le matin suivant, la famille Motordu se retrouva dans la nacelle d'osier puis le prince déclara :
– À bord de ce bras long, chacun sa tache !
D'encre nous n'avons plus grand besoin.
Mais, au sol, l'encre y est encore.
À toi de la lever, matelot Nid-de-Koala !
– À vos ordres, capitaine, pouffa Nid-de-Koala.
Enfin libre, le bras long allait s'élever majestueusement dans les airs quand Marie-Parlotte fit part de ses craintes en demandant :
– Tu crois qu'il est prudent de partir, Papa ?
Le temps n'est pas clair du tout.
La blonde princesse Dézécolle intervint :
– Votre père a soigneusement consulté la météo : toutes ces brunes matinales devraient se dissiper.
– Visibilité zéro, se lamenta Nid-de-Koala, quelle purée de bois sur la forêt !
Le prince de Motordu lui tapa sur l'épaule :
– Allons, allons, il ne faut pas avoir peur du trouillard, mon fils !

– Nous voici en plein ciel, se réjouit la princesse. Comme notre chapeau me semble petit ! Comme les vaches ressemblent à des boutons ! Et, poétiquement, elle ajouta :
– Regardez tous ces nuages, aujourd'hui apportés, demain enfuis…
– Raison de plus pour les étudier, décida le prince.
Tout là… oh… là, oh, admirez les scies russes aux cristaux de glace très coupants. Et, plus bas, petits, en bandes, voici les nains bus, appelés ainsi parce qu'ils transportent quantité de pluies… passagères.
– Donc, pleines de gouttes laides pour ceux qui n'aiment pas les averses, avertit la princesse Dézécolle.

Un peu plus loin, le bras long manqua de disparaître dans une sorte de chou-fleur géant. Heureusement, le prince de Motordu réussit à l'éviter, précisant qu'il s'agissait là d'un culbuto-nimbus, un dangereux nuage d'orage, bourré d'éclairs et de bourrasques, fort capable de faire culbuter son engin volant. Indigérable pour un dirigeable !

– Le danger est passé, le beau temps revient, regardez, il bleu, hi, hi, hi ! s'exclama la princesse, prise de fou rire.

En effet, le ciel bleu hissait sa couleur favorite.

– Chic, nous voici déjà au-dessus de la mer ! cria Nid-de-Koala.

– Et l'amer, c'est salé, prévint Marie-Parlotte.

Quelques heures plus tard, le bras long survola une côte :

– L'amer, hic, déjà ? hoqueta Nid-de-Koala, un peu désorienté.

– Non, une île, ou plutôt un îlot, précisa le prince.

– Regardez, à sa surface, il n'y a qu'une sorte d'arbres, des arbres fruitiers, constata la princesse Dézécolle.

Le bras long se posa en douceur et son équipage prit pied sur le sol pour se dégourdir les jambes.

La famille Motordu fut aussitôt entourée par les habitants de l'île, surpris, mais ravis :

– Cette terre n'a pas toujours été recouverte de ces arbres que vous avez

remarqués, princesse, fit le plus âgé des îliens. Il y poussait d'autres fruitiers. Qui donnaient des noix.
Personne ne peut naviguer sur une coquille de noix sans risque de se noyer.
Aussi avons-nous préféré le pêcher.
– Pourquoi ? demanda Nid-de-Koala.
– Pour pêcher, ce qui est vital, au bord de la mer. Aussi pratiquons-nous la pêche à la ligne. Je crois bien qu'avant tous les autres, nous avons été les pommiers à avoir introduit cette technique sur cet îlot dessert. Le repas qui suivit fut délicieux et servi tout près du port sur un gâteau de pêche.
– Mon projet a porté ses fruits, se félicita Motordu. Nous n'avons connu aucun pépin. Reposons-nous et, demain matin, nous filerons d'ici sans nous presser, promit-il en avalant un dernier verre de jus de fuite.

Au-dessus d'un autre océan, le prince de Motordu profita du temps très calme pour en approcher la surface.
– J'entends comme des petits cris, nota la princesse Dézécolle. C'est très mélodieux !
– Une vraie musique, approuva Marie-Parlotte.
Nid-de-Koala eut tôt fait de remarquer à tribord de grands animaux marins.
– Des orques, cria Motordu ! Elles donnent un concert.
– Un concert d'orques ! Quelle merveille ! Je vais m'approcher plus bas pour qu'on les entende plus haut.
Toute la famille écouta religieusement le concert puis les orques disparurent

subitement, rejoignant baleines et cachalots dans les profondeurs de l'océan.
– Tout de même, quelle belle fugue, j'ai pris des notes, conclut Marie-Parlotte tandis que le bras long reprenait de l'altitude.

Un autre jour, alors que les deux enfants faisaient la sieste, les exclamations de leur mère leur fit ouvrir les yeux :
– Vite, vite, regardez, des oiseaux migrateurs !
Elle croisa les mains sur sa poitrine et déclama :
– Le ciel était gris de nuages, il y volait des doigts sauvages…
Le prince de Motordu reconnut que son épouse avait vu juste :
– Les doigts sauvages fuient l'hiver. Direction le sud !
– Oui, ces oiseaux s'y dirigent les œufs fermés, assura Nid-de-Koala, il y va de la survie de leur espèce.
Plus loin, d'autres créatures ailées croisèrent le bras long mais, de petite taille, elles semblaient difficiles à identifier.

– Peu importe, se satisfit Marie-Parlotte, elles iront d'elles-mêmes en Afrique.
– Iront… iront… hirondelles, hirondelles, même comportement. Ce sont des hirondelles, fit le prince en se tapant le front. Suis-je bête de ne pas y avoir pensé plus tôt !
La nuit était tombée depuis longtemps. Les deux enfants du prince de Motordu dormaient sous les chaudes ouvertures par lesquelles ils étaient passés pour pénétrer dans leurs rêves.
Leur père et la princesse Dézécolle veillaient. Motordu aperçut alors une île faite de millions de petits points lumineux.
– Je me reconnais ! C'est Paris ! Paris, Île lumière, comme on dit ! N'entendez-vous pas les aboiements ? Les aboiements des Parichiens et des Parichiennes !
– Oh, mon adorable fou, rappelez-vous, c'est ici que nous avons passé notre voyage de gosses.
– Je me souviens parfaitement, protesta Motordu, surtout du lit de la Seine, un joli lit. Même que nous avions déjà, en le faisant, prénommé Lili notre premier enfant. Mais, par la suite, nous l'appelâmes Marie-Parlotte. Ça lui allait mieux.
Et le prince et la princesse s'embrassèrent tendrement sous la course folle d'étoiles vivantes en provenance de lointaines planètes mortes.

Une des étapes les plus remarquables du voyage en bras long fut l'arrivée de la famille Motordu en Mongolie, un pays lointain, immense, qui prenait une bonne part de la tarte de géoravie. Très vastes prairies, montagnes bleues, rivières scintillantes et claires rendaient les enfants naturellement gourmands ! L'atterrissage eut lieu près d'un village dont les habitants avaient le visage comme recouvert d'une étonnante poudre jaune pâle.

– Ce sont des pommades, chers enfants, assura le prince. Leur vie errante se passe à suivre d'immenses troupeaux.

Les Motordu furent accueillis avec beaucoup d'égards.
– Merci pour votre hospitalité, répondit Nid-de-Koala, mais je trouve que vos maisons sont bizarres.
– Peut-être à vos yeux, reconnut le chef de la tribu. Ce sont des tentes, mais différentes de celles des Indiens. Nous, appeler ça : yourtes. Il y a yourtes aux fruits, il y a yourtes à la famille, très grandes, et il y a yourtes nature, faites de perches de bois et de peaux de bêtes : chameaux, bœufs…
– Et des cheveux aussi ! s'enthousiasma Marie-Parlotte.
Passionnée d'équitation, elle avait tout de suite repéré d'immenses troupeaux de cheveux sauvages. Bonne cavalière, elle passa de très bons moments sur le dos de quelques-uns, bien sûr domestiqués, les conduisant même jusqu'à la rivière, pour les peigner.
À son retour, elle remarqua l'air embarrassé du prince :
– Tu te fais du souci, Papa ?

– Oui, ma fille, je viens d’inspecter notre bras long et j’ai constaté qu’il ne restait presque plus de P-Troll. Tout juste assez pour revenir chez nous. Il faut absolument économiser ce précieux carburant. Mais ne vous inquiétez pas ! Des vents favorables nous pousseront jusqu’à notre lointain chapeau.

Avide de bons souvenirs, Nid-de-Koala fouilla dans son sac pour en extraire un minuscule appareil :
– Tu vois, expliqua-t-il à un jeune Mongol, la boîte capte la lumière qui rentre à l’intérieur et ressort sur le petit écran. Cela s’appelle un appareil photo-lumièrique. Clic ! Tu vois, ça marche !

Son nouveau copain sourit puis courut vers sa yourte aux fraises.
– Je crois que je l’ai épaté, confia Nid-de-Koala à sa sœur.
Le garçon revint bientôt, tenant à la main une petite boîte à peine différente de celle du jeune voyageur. Et d’expliquer :
– J’ai aussi lumièrique ! ça marche ; et même ça court sur écran.

Regarde sœur à toi ! Galope sur cheveux. Caméra lumièrique ! Pas mal, non ?
Nid-de-Koala rougit un peu et l’autre garçon éclata de rire devant la petite jalousie de Nid-de-Koala :
– Toi vouloir épater moi, mais toi, ami lointain et inconnu, à présent tu m’es devenu cher, appâté par ma caméra !

Le prince de Motordu, la princesse Dézécolle et leurs deux enfants prirent congé de leurs nouveaux amis avec qui ils échangèrent leurs adresses, puis ils s'envolèrent. Le voyage de retour se passa très bien et le prince annonça bientôt, par message radio, l'arrivée prochaine de la fabuleuse expédition.

Dans les derniers moments du vol, il eut la surprise de voir d'autres engins accompagner son vaisseau :
– Super, il y a même des bras longs de foot et de rugby ! applaudit Marie-Parlotte.
– Et voilà, fit le prince en sautant à terre. Nid-de-Koala, qu'est-ce que tu fais avec l'encre ?
– Débrouille-toi tout seul, Papa, je l'emmène au chapeau !
Je vais avoir besoin de beaucoup d'encre pour fixer sur un cahier le récit de nos aventures. Et, naturellement, je vais prendre… ma plus belle plume !
Ne sommes-nous pas devenus un peu des oiseaux ?
Et ce qu'il raconta, vous venez de le lire.

Le Petit Prince voyage

D'APRÈS ANTOINE DE SAINT-EXUPÉRY

Un jour,
le Petit Prince part
en exploration.

Il rencontre
un roi majestueux sur
une proche planète.

Il marche
dans le désert
sous un soleil de plomb.

En visitant la Terre,
il apprivoise
un renard.

Mais il est très heureux
de retrouver
sa petite planète.

La princesse était triste à la fenêtre de son château. Elle n'avait jamais ri et ne savait pas comment on faisait. Sa maman et son papa espéraient bien qu'un jour quelqu'un saurait faire sourire leur fille.

Adrien qui ne fait rien

Tony Ross

Il était une fois un garçon nommé Adrien qui habitait avec sa mère. Adrien était certainement l'être le plus paresseux du monde et il restait tranquillement assis tandis que sa mère faisait tout le travail.

À la fin, celle-ci en eut assez de cette incroyable paresse. Elle s'écria :
– Plus question de te nourrir tant que tu n'auras pas trouvé un travail. Et tu es prié dorénavant de laver tes chaussettes toi-même !

– D'accord ! dit Adrien, et il alla travailler chez un fermier qui le paya d'une belle pièce d'or.

Pour rentrer à la maison, Adrien devait franchir une rivière. En sautant, il perdit sa pièce qui roula dans l'eau.

Évidemment, sa mère se mit en colère.
– Imbécile ! cria-t-elle, la prochaine fois, mets ton argent dans ta poche.

– D'accord ! dit Adrien, c'est ce que je ferai la prochaine fois.

Le jour suivant, Adrien alla travailler chez un éleveur qui lui donna pour tout salaire un pot de lait.
Se souvenant des paroles maternelles, il versa le lait dans sa poche et rentra à la maison.
– Stupide cervelle de sansonnet ! s'écria sa mère. Il fallait mettre le pot sur ta tête.
– D'accord ! dit Adrien, c'est ce que je ferai la prochaine fois.

Le jour suivant, Adrien alla travailler à la laiterie.
Pour tout salaire, il eut un superbe fromage frais.
Rien que pour lui.

Se souvenant des paroles maternelles,
il mit le fromage frais sur sa tête.

Quand il arriva à la maison, le fromage avait fondu de la manière la plus dégoûtante.
– Mais quel crapaud crétin j'ai donc là ! s'exclama sa mère.
Tu n'avais qu'à le porter dans tes bras.
– D'accord ! dit Adrien, c'est ce que je ferai la prochaine fois.

Le lendemain, Adrien alla travailler
dans une usine de saucisses.

Là, il reçut un chat en guise de salaire.
Se souvenant des paroles maternelles,
il le prit dans ses bras.
Mais le chat était une vilaine bête,
qui détestait qu'on le prenne dans les bras.

Quand Adrien arriva à la maison, il était
couvert de griffures.
– Mais quelle nouille imbécile me tient lieu
de fils ! hurla sa mère. Il fallait le ramener
au bout d'une laisse.
– D'accord ! dit Adrien, c'est ce que je ferai
la prochaine fois.
Le jour suivant, il alla travailler chez
un boulanger.

Le boulanger et la boulangère furent satisfaits de lui et lui donnèrent un gâteau pour sa peine.

Se souvenant des paroles maternelles, il l'accrocha à une ficelle et le traîna jusque chez lui.

– N'as-tu donc pas plus de tête qu'une brouette ? s'exclama sa mère. Il fallait le porter sur ton dos.

– D'accord ! dit Adrien, c'est ce que je ferai la prochaine fois.

Ensuite, il travailla dans une écurie.

Le travail fini, le propriétaire de l'écurie offrit à Adrien un âne en guise de salaire. Se souvenant des paroles maternelles, Adrien hissa l'âne sur ses épaules.

Ce n'était pas facile, pas facile du tout et Adrien titubait en essayant de regagner sa maison.

Il passa, dans cet accoutrement, près du château de la princesse triste qui ne savait pas sourire.

Or, elle était là, assise à sa fenêtre. Elle vit Adrien qui marchait en zigzag, son âne sur le dos…
Il était incroyablement drôle…

Et la princesse triste éclata de rire.
Sa maman et son papa en furent si contents
qu'ils lui firent épouser Adrien.

La princesse était heureuse
d'avoir un mari si rigolo.

Et Adrien était heureux,
parce qu'il n'aurait plus jamais
besoin de travailler.

Riquet à la houppe

CHARLES PERRAULT • CHARLOTTE GASTAUT

Il était une fois une reine qui accoucha d'un fils, si laid et si mal fait, qu'on douta longtemps s'il avait forme humaine. Une fée qui se trouva à sa naissance assura qu'il ne manquerait pas d'être aimable, parce qu'il aurait beaucoup d'esprit ; elle ajouta même qu'il pourrait, en vertu du don qu'elle venait de lui faire, donner autant d'esprit qu'il en aurait à la personne qu'il aimerait le mieux. Tout cela consola un peu la pauvre reine, qui était bien affligée d'avoir mis au monde un si vilain marmot. Il est vrai que cet enfant ne commença pas plus tôt à parler qu'il dit mille jolies choses, et qu'il avait dans toutes ses actions je ne sais quoi de si spirituel qu'on en était charmé. J'oubliais de dire qu'il vint au monde avec une petite houppe de cheveux sur la tête, ce qui fit qu'on le nomma Riquet à la houppe, car Riquet était le nom de la famille.

Au bout de sept ou huit ans la reine d'un royaume voisin accoucha de deux filles. La première qui vint au monde était plus belle que le jour : la reine en fut si aise qu'on appréhenda que la trop grande joie qu'elle en avait ne lui fît mal. La même fée qui avait assisté à la naissance du petit Riquet à la houppe était présente et, pour modérer la joie de la reine, elle lui déclara que cette petite princesse n'aurait point d'esprit, et qu'elle serait aussi stupide qu'elle était belle. Cela mortifia beaucoup la reine ; mais elle eut quelques moments après un bien plus grand chagrin, car la seconde fille dont elle accoucha se trouva extrêmement laide.

– Ne vous affligez point tant, Madame, lui dit la fée ; votre fille sera récompensée d'ailleurs, et elle aura tant d'esprit qu'on ne s'apercevra presque pas qu'il lui manque de la beauté.

– Dieu le veuille, répondit la reine ; mais n'y aurait-il point moyen de faire avoir un peu d'esprit à l'aînée qui est si belle ?

– Je ne puis rien pour elle, Madame, du côté de l'esprit, lui dit la fée, mais je puis tout du côté de la beauté ; et, comme il n'y a rien que je ne veuille faire pour votre satisfaction, je vais lui donner pour don de pouvoir rendre beau ou belle la personne qui lui plaira.

À mesure que ces deux princesses devinrent grandes, leurs perfections crûrent aussi avec elles, et on ne parlait partout que de la beauté de l'aînée et de l'esprit de la cadette.

Il est vrai aussi que leurs défauts augmentèrent beaucoup avec l'âge. La cadette enlaidissait à vue d'œil, et l'aînée devenait plus stupide de jour en jour. Ou elle ne répondait rien à ce qu'on lui demandait, ou elle disait une sottise. Elle était avec cela si maladroite qu'elle n'eût pu ranger quatre vases de porcelaines sur le bord d'une cheminée sans en casser un, ni boire un verre d'eau sans en répandre la moitié sur ses habits. Quoique la beauté soit un grand avantage dans une jeune personne, cependant la cadette l'emportait presque toujours sur son aînée dans toutes les compagnies.

D'abord on allait du côté de la plus belle pour la voir et pour l'admirer mais, bientôt après, on allait à celle qui avait le plus d'esprit, pour lui entendre dire mille choses agréables ; et on était étonné qu'en moins d'un quart d'heure l'aînée n'avait plus personne auprès d'elle, et que tout le monde s'était rangé autour de la cadette. L'aînée, quoique fort stupide, le remarqua bien, et elle eût donné sans regret toute sa beauté pour avoir la moitié de l'esprit de sa sœur. La reine, toute sage qu'elle était, ne put s'empêcher de lui reprocher plusieurs fois sa bêtise, ce qui pensa faire mourir de douleur cette pauvre

princesse. Un jour qu'elle s'était retirée dans un bois pour s'y lamenter de son malheur, elle vit venir à elle un petit homme fort laid et fort désagréable, mais vêtu très magnifiquement.

C'était le jeune prince Riquet à la houppe qui, étant devenu amoureux d'elle sur ses portraits qui couraient par tout le monde, avait quitté le royaume de son père pour avoir le plaisir de la voir et de lui parler. Ravi de la rencontrer ainsi toute seule, il l'aborde avec tout le respect et toute la politesse imaginables. Ayant remarqué, après lui avoir fait les compliments ordinaires, qu'elle était fort mélancolique, il lui dit :

–Je ne comprends point, Madame, comment une personne aussi belle que vous l'êtes peut être aussi triste que vous le paraissez; car, quoique je puisse me vanter d'avoir vu une infinité de belles personnes, je puis dire que je n'en ai jamais vu dont la beauté approche la vôtre.

– Oui, oui, vous dites cela, Monsieur, lui répondit la princesse, qui n'ajouta rien de plus.

– La beauté, reprit Riquet à la houppe, est un si grand avantage qu'il doit tenir lieu de tout le reste; et, quand on le possède, je ne vois pas qu'il y ait rien qui puisse nous affliger beaucoup.

– J'aimerais mieux, dit la princesse, être aussi laide que vous et avoir de l'esprit que d'avoir de la beauté comme j'en ai, et être bête autant que je le suis.

– Il n'y a rien, Madame, qui marque davantage qu'on a de l'esprit que, de croire n'en pas avoir, et il est de la nature de ce bien-là, que plus on en a, plus on croit en manquer.

– Je ne sais pas cela, dit la princesse, mais je sais bien que je suis fort bête, et c'est de là que vient le chagrin qui me tue.

– Si ce n'est que cela, Madame, qui vous afflige, je puis aisément mettre fin à votre douleur.

– Et comment ferez-vous? dit la princesse.

– J'ai le pouvoir, Madame, dit Riquet à la houppe, de donner de l'esprit autant qu'on en saurait avoir à la personne que je dois aimer le plus et, comme vous êtes, Madame, cette personne, il ne tiendra qu'à vous que vous n'ayez autant d'esprit qu'on en peut avoir, pourvu que vous vouliez bien m'épouser.

La princesse demeura tout interdite, et ne répondit rien.

– Je vois, reprit Riquet à la houppe, que cette proposition vous fait de la peine, et je ne m'en étonne pas; mais je vous donne un an tout entier pour vous y résoudre.

La princesse avait si peu d'esprit, et en même temps une si grande envie d'en avoir, qu'elle s'imagina que la fin de cette année ne viendrait jamais; de sorte qu'elle accepta la proposition qui lui était faite. Elle

n'eut pas plus tôt promis à Riquet à la houppe qu'elle l'épouserait dans un an à pareil jour qu'elle se sentit tout autre qu'elle n'était auparavant ; elle se trouva une facilité incroyable à dire tout ce qui lui plaisait, et à le dire d'une manière fine, aisée et naturelle. Elle commença dès ce moment une conversation galante et soutenue avec Riquet à la houppe, où elle brilla d'une telle force que Riquet à la houppe crut lui avoir donné plus d'esprit qu'il ne s'en était réservé pour lui-même. Quand elle fut retournée au palais, toute la Cour ne savait que penser d'un changement si subit et si extraordinaire, car autant qu'on lui avait ouï dire de sottises auparavant, autant lui entendait-on dire des choses bien sensées et infiniment spirituelles.

Toute la Cour en eut une joie qui ne se peut imaginer ; il n'y eut que sa cadette qui n'en fut pas bien aise parce que, n'ayant plus sur son aînée l'avantage de l'esprit, elle ne paraissait plus auprès d'elle qu'une guenon fort désagréable. Le Roi se conduisait par ses avis, et allait même quelquefois jusqu'à tenir le conseil dans son appartement.

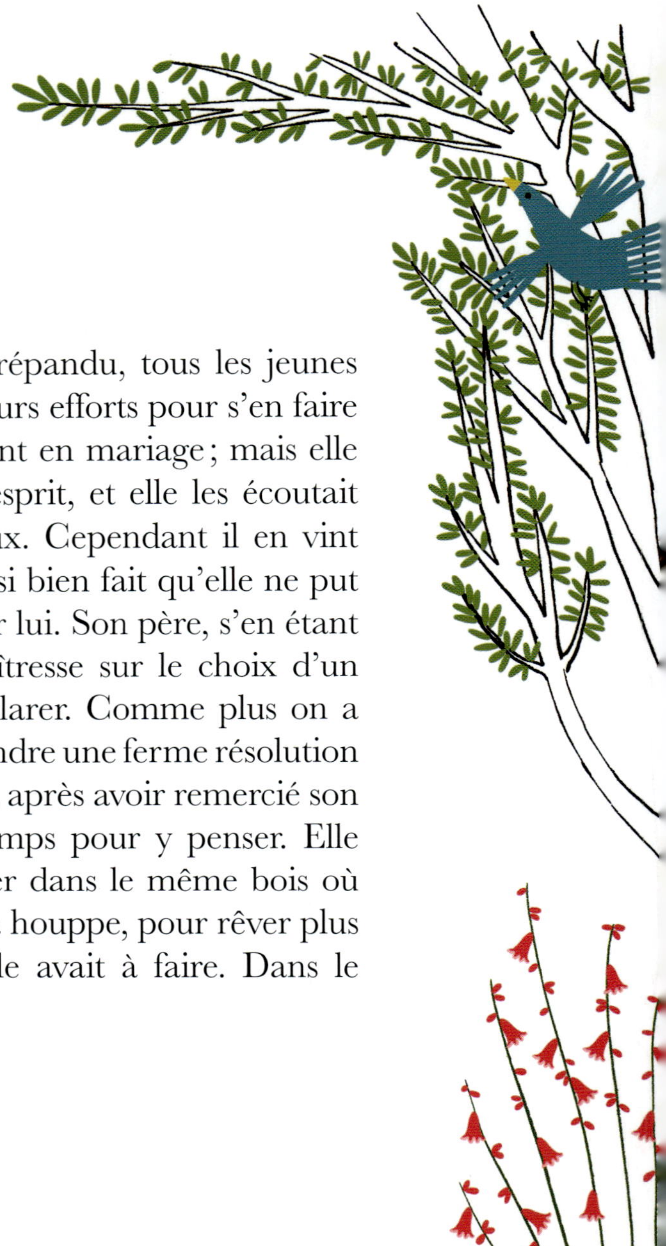

Le bruit de ce changement s'étant répandu, tous les jeunes princes des royaumes voisins firent leurs efforts pour s'en faire aimer, et presque tous la demandèrent en mariage ; mais elle n'en trouvait point qui eût assez d'esprit, et elle les écoutait tous sans s'engager avec aucun d'eux. Cependant il en vint un si puissant, si riche, si spirituel et si bien fait qu'elle ne put s'empêcher d'avoir du penchant pour lui. Son père, s'en étant aperçu, lui dit qu'il la faisait la maîtresse sur le choix d'un époux, et qu'elle n'avait qu'à se déclarer. Comme plus on a d'esprit et plus on a de peine à prendre une ferme résolution sur cette affaire, elle demanda, après avoir remercié son père, qu'il lui donnât du temps pour y penser. Elle alla par hasard se promener dans le même bois où elle avait trouvé Riquet à la houppe, pour rêver plus commodément à ce qu'elle avait à faire. Dans le

temps qu'elle se promenait, rêvant profondément, elle entendit un bruit sourd sous ses pieds, comme de plusieurs personnes qui vont et viennent et qui agissent. Ayant prêté l'oreille plus attentivement, elle ouït que l'un disait: «Apporte-moi cette marmite»; l'autre: «Donne-moi cette chaudière»; l'autre: «Mets du bois dans ce feu.»

La terre s'ouvrit dans le même temps, et elle vit sous ses pieds comme une grande cuisine pleine de cuisiniers, de marmitons et de toutes sortes d'officiers nécessaires pour faire un festin magnifique. Il en sortit une bande de vingt ou trente rôtisseurs, qui allèrent se camper dans une allée du bois autour d'une table fort longue, et qui tous, la lardoire à la main, et la coiffe de cuisinier sur la tête, se mirent à travailler en cadence au son d'une chanson harmonieuse. La princesse, étonnée de ce spectacle, leur demanda pour qui ils travaillaient.

– C'est, Madame, lui répondit le plus important de la bande, pour le prince Riquet à la houppe, dont les noces se feront demain.

La princesse, encore plus surprise qu'elle ne l'avait été, et se ressouvenant tout à coup qu'il y avait un an qu'à pareil jour elle avait promis d'épouser le prince Riquet à la houppe, pensa tomber de son haut. Ce qui faisait qu'elle ne s'en souvenait pas, c'est que, quand elle fit cette promesse, elle était une bête, et qu'en prenant le nouvel esprit que le prince lui avait donné, elle avait oublié toutes ses sottises. Elle n'eut pas fait trente pas en continuant sa promenade que Riquet à la houppe se présenta à elle, élégant, magnifique, et comme un prince qui va se marier.

– Vous me voyez, dit-il, Madame, exact à tenir ma parole, et je ne doute point que vous ne veniez ici pour exécuter la vôtre, et me rendre, en me donnant la main, le plus heureux de tous les hommes.

– Je vous avouerai franchement, répondit la princesse, que je n'ai pas encore pris ma résolution là-dessus, et que je ne crois pas pouvoir jamais la prendre telle que vous la souhaitez.

– Vous m'étonnez, Madame, lui dit Riquet à la houppe.

– Je le crois, dit la princesse, et assurément, si j'avais affaire à un brutal, à un homme sans esprit, je me trouverais bien embarrassée. Une Princesse n'a que sa parole, me dirait-il, et il faut que vous m'épousiez, puisque vous me l'avez promis ; mais, comme celui à qui je parle est l'homme du monde qui a le plus d'esprit, je suis sûre qu'il entendra raison. Vous savez que, quand je n'étais qu'une bête, je ne pouvais néanmoins me résoudre à vous épouser ; comment voulez-vous qu'ayant l'esprit que vous m'avez donné, qui me rend encore plus exigeante à l'égard des gens que je n'étais, je prenne aujourd'hui une résolution que je n'ai pu prendre dans ce temps-là ? Si vous pensiez tout de bon à m'épouser, vous avez eu grand tort de m'ôter ma bêtise, et de me faire voir plus clair que je ne voyais.

– Si un homme sans esprit, répondit Riquet à la houppe, aurait le droit, comme vous venez de le dire, de vous reprocher votre manque de parole, pourquoi voulez-vous, Madame, que je n'en use pas de même, dans une chose où il y va de tout le bonheur de ma vie ? Est-il raisonnable que les personnes qui ont de l'esprit soient de pire condition que ceux qui n'en ont pas ? Le pouvez-vous prétendre, vous qui en avez tant, et qui avez tant souhaité d'en avoir ? Mais venons au fait, s'il vous plaît. À la réserve de ma laideur, y a-t-il quelque chose en moi qui vous déplaise ? Êtes-vous mal contente de ma naissance, de mon esprit, de mon humeur, de mes manières ?

– Nullement, répondit la princesse, j'aime en vous tout ce que vous venez de dire.

– Si cela est ainsi, reprit Riquet à la houppe, je vais être heureux, puisque vous pouvez me rendre le plus aimable de tous les hommes.

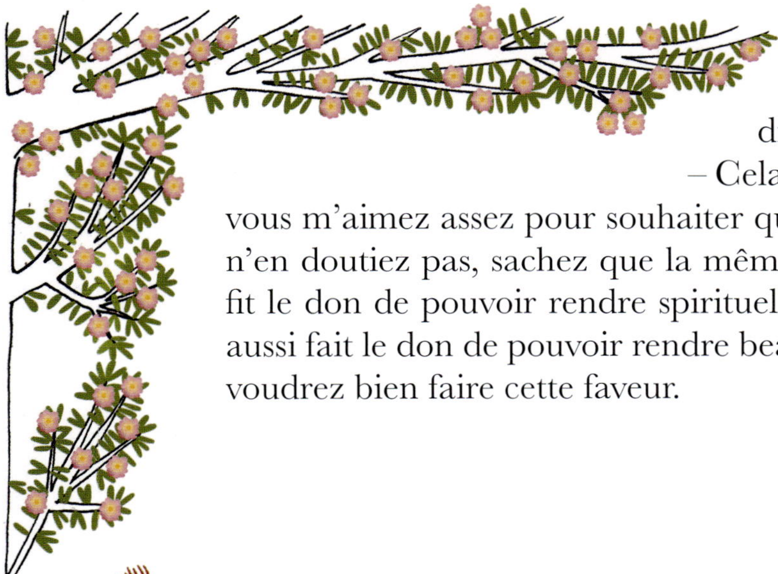

– Comment cela se peut-il faire ? lui dit la princesse.

– Cela se fera, répondit Riquet à la houppe, si vous m'aimez assez pour souhaiter que cela soit ; et afin, Madame, que vous n'en doutiez pas, sachez que la même fée qui, au jour de ma naissance, me fit le don de pouvoir rendre spirituelle la personne qu'il me plairait, vous a aussi fait le don de pouvoir rendre beau celui que vous aimerez, et à qui vous voudrez bien faire cette faveur.

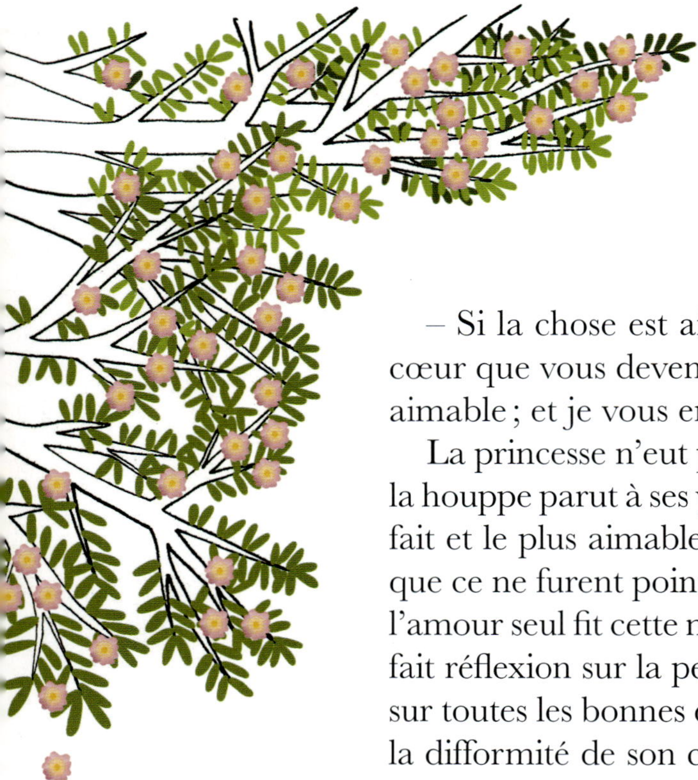

– Si la chose est ainsi, dit la princesse, je souhaite de tout mon cœur que vous deveniez le prince du monde le plus beau et le plus aimable ; et je vous en fais le don autant qu'il est en moi.

La princesse n'eut pas plus tôt prononcé ces paroles que Riquet à la houppe parut à ses yeux l'homme du monde le plus beau, le mieux fait et le plus aimable qu'elle eût jamais vu. Quelques-uns assurent que ce ne furent point les charmes de la fée qui opérèrent, mais que l'amour seul fit cette métamorphose. Ils disent que la princesse ayant fait réflexion sur la persévérance de son amant, sur sa discrétion, et sur toutes les bonnes qualités de son âme et de son esprit, ne vit plus la difformité de son corps, ni la laideur de son visage, que sa bosse ne lui sembla plus que le bon air d'un homme qui fait le gros dos, et qu'au lieu que jusqu'alors elle l'avait vu boiter effroyablement, elle ne lui trouva plus qu'un certain air penché qui la charmait ; ils disent encore que ses yeux, qui étaient louches, ne lui en parurent

que plus brillants, que leur dérèglement passa dans son esprit pour la marque d'un violent excès d'amour, et qu'enfin son gros nez rouge eut pour elle quelque chose de martial et d'héroïque. Quoi qu'il en soit, la princesse lui promit sur-le-champ de l'épouser, pourvu qu'il en obtînt le consentement du roi son père. Le roi ayant su que sa fille avait beaucoup d'estime pour Riquet à la houppe, qu'il connaissait d'ailleurs pour un prince très spirituel et très sage, le reçut avec plaisir pour son gendre. Dès le lendemain les noces furent faites, ainsi que Riquet à la houppe l'avait prévu, et selon les ordres qu'il en avait donnés longtemps auparavant.

Le jardin de Princesse Camomille

Hiawyn Oram • Susan Varley

La Princesse Camomille
faisait de la bicyclette
dans le potager du château.
Elle tournait, tournait,
tournait…

– Martin, que pourrais-je faire maintenant ? demanda-t-elle au jardinier. J'en ai assez de tourner, tourner, toujours tourner.
– Eh bien, tu peux m'aider, si tu veux, suggéra Martin.
Camomille écarquilla les yeux.
– Vous aider pour de vrai ? Faire des trous dans la terre et faire pousser des graines ?
– Oui, bien sûr. Mais tu risques de te salir un peu, précisa le jardinier.
– Ce n'est pas grave du tout, je peux même me salir beaucoup, s'empressa de répondre Camomille.

Martin donna donc à Camomille la bêche la moins lourde.
Il lui apprit à biner les rosiers sans arracher les racines, à distinguer les giroflées, qu'il ne fallait surtout pas enlever, des mauvaises herbes à supprimer.

Après avoir bien travaillé, la Princesse Camomille se sentit épuisée.

– Pffouh, souffla-t-elle, je vais me reposer une minute à l'ombre.

Assise sur un banc, elle vit l'immense parc du château déployé autour d'elle.

– En fait, Martin, je crois que ce jardin est beaucoup trop grand. Il en faudrait un plus petit, plus facile à entretenir.

– Tu veux dire un jardin à ta taille… continua Martin, songeur.

– Oui, et un jardin bien à moi, précisa Camomille.

– Il faudrait faire dessiner un plan, expliqua le jardinier.

– Ce n'est rien, déclara Camomille, j'en dessinerai un.

À ce moment-là, Nounou Roncière, la gouvernante, vint chercher Camomille pour sa leçon de piano. Inutile de vous dire qu'elle fut extrêmement choquée de découvrir de la boue sur la robe de la Princesse, et de la terre sous ses ongles, et jusque dans ses oreilles.

Nounou Roncière la conduisit tout droit dans la baignoire pour un nettoyage complet. Mais Camomille ne s'en souciait même pas.

« Il me faudra aussi un endroit pour la marelle », rêvait-elle sans rien sentir du gant de toilette qu'Anita passait sur son visage, ni des vigoureux coups d'éponge de sa gouvernante.

«Je mettrai des fleurs des champs pour attirer les papillons, pensait-elle en pianotant distraitement *La Danse de la fée Clochette*. Et une grande pelouse pour faire la roue», songeait encore Camomille.
– Princesse ! s'énerva Monsieur Paul, le professeur de musique. Il me semble que nous ne sommes pas très concentrée aujourd'hui !
– C'est normal, je rêve, rétorqua Camomille.

Elle continua d'imaginer son jardin jusqu'au dîner puis, pendant le dîner…

… et aussi après le dîner.

Camomille s'installa dans son lit avec un grand bloc de papier et des crayons de couleur. Elle travailla une bonne partie de la nuit. Nounou Roncière allait et venait dans sa chambre toutes les dix minutes en la suppliant d'éteindre la lumière. Au matin, Camomille avait terminé son dessin…

C'était le plan de son jardin.

– Alors ? Qu'en pensez-vous, Martin ? demanda Camomille en sautillant d'impatience.
– Mmm… il y a plus petit comme petit jardin… commenta-t-il.
– Je sais. Mais, plus je dessinais, plus il fallait ajouter de choses, expliqua Camomille.
– Écoute : c'est le plus joli plan de jardin-bien-à-soi que j'ai jamais vu ! Mais, avant de décider quoi que ce soit, nous devons consulter tes parents.
« Pourvu qu'ils disent oui », pensa très fort Camomille.

Le Roi et la Reine furent bien embarrassés par la proposition de Camomille.
– Euh, il y a certaines choses qu'on n'a pas l'habitude de voir dans les jardins royaux, hésita le Roi en examinant le plan.
– Et puis, surtout, il y a tellement d'herbe haute, renchérit la Reine. Tu vas attraper un rhume des foins, et l'herbe sera envahie de limaces et d'escargots : quelle horreur !
– Justement ! J'adore les limaces et les escargots, s'exclama Camomille, ravie.
– À mon avis, c'est un caprice d'enfant gâtée, ponctua Nounou Roncière. Un jardin bien à elle, et puis quoi encore ? J'ajouterai que jardiner n'est pas digne d'une princesse. C'est un travail très salissant.

– Mais, Nounou, quand on est sale, on se lave, même quand on est une princesse, protesta Camomille. Et puis, je pourrais mettre un pantalon large, des bottes et une grande chemise, comme Martin, et personne ne verrait que c'est moi. Oh, dites oui, insista-t-elle.

– Allez ! C'est oui, conclut le Roi, qui prévint Martin : vous veillerez à ce que ce petit jardin ne gâte pas la perspective du parc !
– Et qu'il ne comporte rien de dangereux, renchérit la Reine. Ni ruisseau ni étang ni quoi que ce soit où l'on pourrait tomber.

Bon gré, mal gré, tout en marmonnant, Nounou Roncière finit par trouver des vêtements de jardinage pour Camomille.

Et immédiatement, sans un mot de plus (ni plus tard ni après le déjeuner), Martin commença à tracer le jardin de Camomille dans le grand parc du château.

Camomille, Martin et ses deux aides-jardiniers déblayèrent le terrain ainsi délimité…

l'entourèrent d'un muret de briques…

élaguèrent les arbres…

… et retournèrent le sol.

Ne croyez pas que quelques
heures suffirent, ni même
quelques jours.
Il fallut bien des heures
et bien des jours. Ils travaillèrent
tout l'hiver et les premiers jours
du printemps les trouvèrent
encore à…

scier, paver, niveler, biner, sarcler, poser
le gazon, protéger les semis, repiquer, tondre…

mettre en pots, dépoter,
planter, semer…

… désherber, arroser,
surveiller et faire pousser.

Il se passa encore des jours
et des semaines et SOUDAIN,
au moment précis où le temps
nécessaire était écoulé…

… le jardin de Camomille
fut prêt, exactement
comme sur le plan
de la petite princesse.

Folle de joie, Camomille fit le tour du château pour prévenir tout le monde de venir voir cette merveille. Le Roi et la Reine, Nounou Roncière, Casimir le cuisinier, Antoine le chauffeur, Monsieur Parmesan le maître d'hôtel, Monsieur Paul le professeur de piano et tous ceux qui travaillaient au château la suivirent.

– Au fait, Nounou, dit Camomille, ce jardin n'est pas seulement à moi, c'est un jardin pour TOUT LE MONDE, et je suis sûre que TOUT LE MONDE va venir y jouer !

Et c'est bien ce qui arriva…

Cendrillon

CHARLES PERRAULT • CAROLINE DALL'AVA

Il était une fois un gentilhomme qui épousa en secondes noces une femme, la plus hautaine et la plus fière qu'on eût jamais vue. Elle avait deux filles de son caractère, et qui lui ressemblaient en toutes choses. Le mari avait de son côté une jeune fille, mais d'une douceur et d'une bonté sans exemple ; elle tenait cela de sa mère, qui était la meilleure personne du monde. Les noces ne furent pas plus tôt faites, que la belle-mère fit éclater sa mauvaise humeur ; elle ne put souffrir les bonnes qualités de cette jeune enfant, qui rendaient ses filles encore plus haïssables. Elle la chargea des plus viles occupations de la maison : c'était elle qui nettoyait la vaisselle et les escaliers, qui frottait la chambre de Madame, et celles de Mesdemoiselles ses filles ; elle couchait tout au haut de la maison, dans un grenier, sur une méchante paillasse, pendant que ses sœurs étaient dans des chambres parquetées, où elles avaient des lits des plus à la mode, et des miroirs où elles se voyaient depuis les pieds jusqu'à la tête.

La pauvre fille souffrait tout avec patience, et n'osait s'en plaindre à son père qui l'aurait grondée, parce que sa femme le gouvernait entièrement. Lorsqu'elle avait fait son ouvrage, elle s'allait mettre au coin de la cheminée, et s'asseoir dans les cendres, ce qui faisait qu'on l'appelait communément dans le logis Cucendron. La cadette, qui n'était pas si malhonnête que son aînée, l'appelait Cendrillon ; cependant Cendrillon, avec ses méchants habits, ne laissait pas d'être cent fois plus belle que ses sœurs, quoique vêtues très magnifiquement.

Il arriva que le fils du roi donna un bal, et qu'il y pria toutes les personnes de qualité : nos deux Demoiselles y furent aussi priées, car elles faisaient grande figure dans le pays.

Les voilà bien aises et bien occupées à choisir les habits et les coiffures qui leur siéraient le mieux ; nouvelle peine pour Cendrillon, car c'était elle qui repassait le linge de ses sœurs. On ne parlait plus que de la manière dont on s'habillerait.

– Moi, dit l'aînée, je mettrai mon habit de velours rouge et ma garniture d'Angleterre.

– Moi, dit la cadette, je n'aurai que ma jupe ordinaire ; mais, en revanche, je mettrai mon manteau à fleurs d'or, et ma broche de diamants, qui n'est pas des plus indifférentes.

On envoya quérir la bonne coiffeuse, pour dresser les cornettes à deux rangs, et on fit acheter des mouches chez la bonne couturière : elles appelèrent Cendrillon pour lui demander son avis, car elle avait le goût bon.

Cendrillon les conseilla le mieux du monde, et s'offrit même à les coiffer ; ce qu'elles voulurent bien. En les coiffant, elles lui disaient :

– Cendrillon, serais-tu bien aise d'aller au bal ?

– Hélas, Mesdemoiselles, vous vous moquez de moi, ce n'est pas là ce qu'il me faut.

– Tu as raison, on rirait bien si on voyait un Cucendron aller au bal.

Une autre que Cendrillon les aurait coiffées de travers ; mais elle était bonne, et elle les coiffa parfaitement bien.

Elles furent près de deux jours sans manger, tant elles étaient transportées de joie. On rompit plus de douze lacets à force de les serrer pour leur rendre la taille plus menue, et elles étaient toujours devant leur miroir. Enfin l'heureux jour arriva, on partit, et Cendrillon les suivit des yeux le plus longtemps qu'elle put ; lorsqu'elle ne les vit plus, elle se mit à pleurer.

Sa marraine, qui la vit tout en pleurs, lui demanda ce qu'elle avait.

– Je voudrais bien... Je voudrais bien...

Elle pleurait si fort qu'elle ne put achever. Sa marraine, qui était fée, lui dit :

– Tu voudrais bien aller au bal, n'est-ce pas ?

– Hélas oui, dit Cendrillon en soupirant.

– Eh bien, seras-tu bonne fille ? dit sa marraine, je t'y ferai aller.

Elle la mena dans sa chambre, et lui dit :

– Va dans le jardin et apporte-moi une citrouille.

Cendrillon alla aussitôt cueillir la plus belle qu'elle put trouver, et la porta à sa marraine, ne pouvant deviner comment cette citrouille la pourrait faire aller au bal. Sa marraine la creusa et, n'ayant laissé que l'écorce, la frappa de sa baguette, et la citrouille fut aussitôt changée en un beau carrosse tout doré.

Ensuite elle alla regarder dans sa souricière, où elle trouva six souris toutes en vie; elle dit à Cendrillon de lever un peu la trappe de la souricière et, à chaque souris qui sortait, elle lui donnait un coup de sa baguette, et la souris était aussitôt changée en un beau cheval; ce qui fit un bel attelage de six chevaux, d'un beau gris de souris pommelé. Comme elle était en peine de quoi elle ferait un cocher:

– Je vais voir, dit Cendrillon, s'il n'y a point quelque rat dans la ratière, nous en ferons un cocher.

– Tu as raison, dit sa marraine, va voir.

Cendrillon lui apporta la ratière, où il y avait trois gros rats. La fée en prit un d'entre les trois, à cause de sa maîtresse barbe et, l'ayant touché, il fut changé en un gros cocher, qui avait une des plus belles moustaches qu'on ait jamais vues.

Ensuite elle lui dit:

– Va dans le jardin, tu y trouveras six lézards derrière l'arrosoir, apporte-les-moi.

Elle ne les eut pas plus tôt apportés que la marraine les changea en six laquais, qui montèrent aussitôt derrière le carrosse avec leurs habits chamarrés, et qui s'y tenaient attachés, comme s'ils n'eussent fait autre chose toute leur vie. La fée dit alors à Cendrillon:

– Eh bien, voilà de quoi aller au bal, n'es-tu pas bien aise?

– Oui, mais est-ce que j'irai comme cela avec mes vilains habits?

Sa marraine ne fit que la toucher avec sa baguette, et en même temps ses habits furent changés en des habits de drap d'or et d'argent tout chamarrés de pierreries; elle lui donna ensuite une paire de pantoufles de verre, les plus jolies du monde.

Quand elle fut ainsi parée, elle monta en carrosse ; mais sa marraine lui recommanda sur toutes choses de ne pas passer minuit, l'avertissant que, si elle demeurait au bal un moment davantage, son carrosse redeviendrait citrouille, ses chevaux des souris, ses laquais des lézards, et que ses vieux habits reprendraient leur première forme. Elle promit à sa marraine qu'elle ne manquerait pas de sortir du bal avant minuit. Elle part, ne se sentant pas de joie. Le fils du roi, qu'on alla avertir qu'il venait d'arriver une grande princesse qu'on ne connaissait point, courut la recevoir ; il lui donna la main à la descente du carrosse, et la mena dans la salle où était la compagnie. Il se fit alors un grand silence ; on cessa de danser, et les violons ne jouèrent plus, tant on était attentif à contempler les grandes beautés de cette inconnue.

On n'entendait qu'un bruit confus : « Ah, qu'elle est belle ! » Le roi même, tout vieux qu'il était, ne laissait pas de la regarder, et de dire tout bas à la reine qu'il y avait longtemps qu'il n'avait vu une si belle et si aimable personne. Toutes les dames étaient attentives à considérer sa coiffure et ses habits, pour en avoir dès le lendemain de semblables, pourvu qu'il se trouvât des étoffes assez belles, et des ouvriers assez habiles. Le fils du roi la mit à la place la plus honorable, et ensuite la prit pour la mener danser. Elle dansa avec tant de grâce, qu'on l'admira encore davantage. On apporta une fort belle collation, dont le jeune prince ne mangea point, tant il était occupé à la considérer. Elle alla s'asseoir auprès de ses sœurs, et leur fit mille politesses : elle partagea avec elles des oranges et des citrons que le prince lui avait donnés, ce qui les étonna fort, car elles ne la connaissaient point.

Lorsqu'elles causaient ainsi, Cendrillon entendit sonner onze heures trois quarts : elle fit aussitôt une grande révérence à la compagnie, et s'en alla le plus vite qu'elle put.

Dès qu'elle fut arrivée, elle alla trouver sa marraine et, après l'avoir remerciée, elle lui dit qu'elle souhaiterait bien aller encore le lendemain au bal, parce que le fils du roi l'en avait priée. Comme elle était occupée à raconter à sa marraine tout ce qui s'était passé au bal, les deux sœurs heurtèrent à la porte ; Cendrillon leur alla ouvrir.

– Que vous êtes longtemps à revenir ! leur dit-elle en bâillant, en se frottant les yeux, et en s'étirant comme si elle n'eût fait que de se réveiller ; elle n'avait cependant pas eu envie de dormir depuis qu'elles s'étaient quittées.

– Si tu étais venue au bal, lui dit une de ses sœurs, tu ne t'y serais pas ennuyée : il y est venu la plus belle princesse, la plus belle qu'on puisse jamais voir ; elle nous a fait mille civilités, elle nous a donné des oranges et des citrons.

Cendrillon ne se sentait pas de joie : elle leur demanda le nom de cette princesse ; mais elles lui répondirent qu'on ne la connaissait pas, que le fils du roi en était fort en peine, et qu'il donnerait toutes choses au monde pour savoir qui elle était. Cendrillon sourit et leur dit :

– Elle était donc bien belle ? Mon Dieu, que vous êtes heureuses, ne pourrais-je point la voir ? Hélas ! Mademoiselle Javotte, prêtez-moi votre habit jaune que vous mettez tous les jours.

– Vraiment ! dit Mademoiselle Javotte. Prêter votre habit à un vilain Cucendron comme cela : il faudrait que je fusse bien folle.

Cendrillon s'attendait bien à ce refus, et elle en fut bien aise, car elle aurait été grandement embarrassée si sa sœur eût bien voulu lui prêter son habit.

Le lendemain les deux sœurs furent au bal, et Cendrillon aussi, mais encore plus parée que la première fois. Le fils du roi fut toujours auprès d'elle, et ne cessa de lui conter des douceurs ; la jeune demoiselle ne s'ennuyait point, et oublia ce que sa marraine lui avait recommandé ; de sorte qu'elle entendit sonner le premier coup de minuit, lorsqu'elle ne croyait pas qu'il fût encore onze heures : elle se leva et s'enfuit aussi légèrement qu'aurait fait une biche. Le prince la suivit, mais il ne put l'attraper ; elle laissa tomber une de ses pantoufles de verre, que le prince ramassa bien soigneusement Cendrillon arriva chez elle bien essoufflée, sans carrosse, sans laquais, et avec ses méchants habits, rien ne lui étant resté de toute sa magnificence qu'une de ses petites pantoufles, la pareille de celle qu'elle avait laissée tomber. On demanda aux gardes de la porte du palais s'ils n'avaient point vu sortir une princesse ; ils dirent qu'ils n'avaient vu sortir personne, qu'une jeune fille fort mal vêtue, et qui avait plus l'air d'une paysanne que d'une demoiselle.

Quand ses deux sœurs revinrent du bal, Cendrillon leur demanda si elles s'étaient encore bien diverties, et si la belle dame y avait été ; elles lui dirent que oui, mais qu'elle s'était enfuie lorsque minuit avait sonné, et si promptement qu'elle avait laissé tomber une de ses petites pantoufles de verre, la plus jolie du monde ; que le fils du roi l'avait ramassée, et qu'il n'avait fait que la regarder pendant tout le reste du bal, et qu'assurément il était fort amoureux de la belle personne à qui appartenait la petite pantoufle. Elles dirent vrai car, peu de jours après, le fils du roi fit annoncer publiquement au son des trompettes qu'il épouserait celle dont le pied s'ajusterait bien à

la pantoufle. On commença à l'essayer aux princesses, ensuite aux duchesses, et à toute la cour, mais inutilement.

On l'apporta chez les deux sœurs, qui firent tout leur possible pour faire entrer leur pied dans la pantoufle, mais elles ne purent en venir à bout. Cendrillon qui les regardait, et qui reconnut sa pantoufle, dit en riant :

– Que je voie si elle ne m'irait pas !

Ses sœurs se mirent à rire et à se moquer d'elle. Le gentilhomme qui faisait l'essai de la pantoufle, ayant regardé attentivement Cendrillon et, la trouvant fort belle, dit que cela était juste, et qu'il avait ordre de l'essayer à toutes les filles. Il fit asseoir Cendrillon et, approchant la pantoufle de son petit pied, il vit qu'elle y entrait sans peine, et qu'elle y était juste comme si la pantoufle avait été moulée sur son pied. L'étonnement des deux sœurs fut grand, mais plus grand encore quand Cendrillon tira de sa poche l'autre petite pantoufle qu'elle mit à son pied.

Là-dessus arriva la marraine qui, ayant donné un coup de sa baguette sur les habits de Cendrillon, les fit devenir encore plus magnifiques que tous les autres. Alors ses deux sœurs la reconnurent pour la belle personne qu'elles avaient vue au bal. Elles se jetèrent à ses pieds pour lui demander pardon de tous les mauvais traitements qu'elles lui avaient fait souffrir. Cendrillon les releva, et leur dit, en les embrassant, qu'elle leur pardonnait de bon cœur, et qu'elle les priait de l'aimer bien toujours. On la mena chez le jeune prince, parée comme elle était : il la trouva encore plus belle que jamais, et peu de jours après, il l'épousa. Cendrillon, qui était aussi bonne que belle, fit loger ses deux sœurs au palais, et les maria dès le jour même à deux grands seigneurs de la cour.

Le Petit Prince sur sa planète

d'après Antoine de Saint-Exupéry

Le Petit Prince
vit sur une minuscule planète
appelée Astéroide B 612.

Sur cette planète,
il y a trois volcans
qu'il ramone soigneusement.

Il fait chauffer
son petit déjeuner
chaque matin
sur un volcan.

Sur sa planète
pousse une très belle fleur
qu'il arrose tous les jours.

Il protège sa fleur
avec un paravent et,
quand la nuit tombe,
il l'abrite sous un globe
de verre.

Je veux deux anniversaires !

Tony Ross

C'était l'anniversaire de la petite princesse. Elle avait un gâteau royal et plein de cadeaux.
– Maman, demanda-t-elle, pourquoi as-tu deux anniversaires et moi, un seul ?

– Eh bien ! dit la reine, les reines ont toujours deux anniversaires : un à fêter avec toi, et un autre à fêter avec tout le monde.
– Alors, je veux deux anniversaires ! dit la petite princesse.

C'est ainsi que le Premier ministre nota deux anniversaires dans l'emploi du temps de la petite princesse : un à l'automne, à la date de sa naissance, et un autre en hiver, pour égayer cette saison.

Deux anniversaires impliquent deux gâteaux, et deux fois plus de cadeaux.
– C'est SUPER ! s'écria la petite princesse. Mais TROIS anniversaires seraient encore mieux.
C'est ainsi que trois anniversaires furent notés dans l'emploi du temps…

… un en automne, à la date de sa naissance, un en hiver, pour égayer cette saison, et un au printemps.
– On ne peut pas faire d'exception pour l'été, dit la petite princesse. Je veux QUATRE anniversaires !

La petite princesse adorait
ses anniversaires.
Elle adorait se lever ce jour-là,
et se faire belle.
Elle adorait les gâteaux et les cadeaux
d'anniversaire.

« Pourquoi ne pas avoir
encore plus d'anniversaires ? »
se dit-elle.

Elle en parla alors avec le Premier
ministre qui nota plus d'anniversaires
dans l'emploi du temps.
Rapidement, elle eut un anniversaire
chaque jour de l'année.

Chaque jour, le cuisinier devait faire un nouveau gâteau. Mais il était moins gros. Et, chaque jour, tout le monde devait acheter des cadeaux. Mais ils étaient moins beaux.

L'amiral lui offrit un morceau de son chewing-gum mâchouillé.
Le général lui donna un bout de ficelle avec un nœud.
La gouvernante lui offrit une vieille pince à linge en bois.

Le lendemain, le roi lui offrit un crayon cassé.
– Demain, promit-il, tu auras un vieux stylo à encre vide.
– Beuuuhhhh ! fit la petite princesse. C'est nul !

Elle goûta le gâteau d'anniversaire
du jour et le recracha aussitôt.
– Beuuurrrk ! s'écria-t-elle. Ce n'est pas
un gâteau d'anniversaire !
Et les cartes d'anniversaire de la semaine
restèrent sur le dessus de la cheminée.

Chaque jour, la petite princesse
devait être impeccable pour son goûter
d'anniversaire mais, bientôt, plus
personne ne vint, faute de cadeaux
à offrir.

À la fin, Nounours restait le seul
au goûter.
– Où est mon cadeau, Nounours ?
demanda la petite princesse.
« Je n'en ai pas apporté, je ne suis
qu'un ours en peluche.
Bon anniversaire ! » crut-elle entendre.

Le jour suivant, la gouvernante entra dans la chambre de la princesse.
– Bon anniversaire, princesse, dit-elle. Lève-toi et fais-toi belle. Tu sais qu'il y a encore un goûter.

– Oh, NON ! geignit la petite princesse. J'en ai assez ! Pourquoi ne puis-je pas jouer comme avant ? Pourquoi dois-je toujours être impeccable ?
– Parce que, aujourd'hui, c'est ton ANNIVERSAIRE ! répondit la gouvernante. Mets cette belle couronne toute propre.

– C'est TOUS LES JOURS mon anniversaire ! sanglota la petite princesse. Je veux qu'aujourd'hui soit un jour spécial, différent de tous les autres.
– Alors, il faut aller en parler à ta maman et à ton papa, dit la gouvernante.

– Je veux qu'aujourd'hui soit un jour spécial, différent de tous les autres ! dit la petite princesse.
– Heummmmmm ! grommela le roi. C'est un non-anniversaire dont tu as besoin, juste un non-anniversaire chaque année, et ce sera ta journée spéciale !

– Ouiiiiiiiiiiiii ! fit la petite princesse d'une voix perçante.
Super, quel jour vais-je choisir pour mon non-anniversaire ?
– Pourquoi pas le jour de ta naissance ? Tout le monde peut s'en souvenir, et c'est mercredi prochain.

La petite princesse était absolument enchantée.
Elle dut attendre une semaine entière pour fêter son non-anniversaire… et, quand il arriva enfin…

… le cuisinier fit un gâteau
de non-anniversaire très spécial
et tout le monde offrit des cadeaux
très spéciaux.
La petite princesse vécut une journée
très spéciale.

Et elle devrait patienter une année
entière jusqu'au suivant !
– J'aimerais bien avoir un non-
anniversaire tous les jours ! dit-elle.
– Dans ce cas, ce ne serait plus spécial,
non ? dit la gouvernante.

Le prince amoureux

MICHAEL MORPURGO • EMMA CHICHESTER CLARK

Il y a des moments où tout semble aller bien sur terre. C'est justement à l'un de ces moments que cette histoire commence. Tout le monde était heureux dans le pays. La moisson paraissait bonne. Le blé doré poussait dans les champs. Les vignes et les arbres étaient chargés de fruits. Les rivières étincelantes regorgeaient de poissons argentés.

Le plus heureux de tous dans ce pays béni, cependant, c'était le prince Frederico. Il se comportait plus en frère qu'en prince avec son peuple, et il était très aimé. C'est pourquoi chacun se réjouit pour lui lorsqu'il trouva enfin l'élue de son cœur, la princesse Serafina. C'était une jeune fille si belle, si gentille, qu'elle gagnait le cœur de tous ceux qui la regardaient. Il lui suffisait de sourire, et la joie se répandait autour d'elle. Elle chantait, elle dansait. Il lui suffisait de rire, et le monde riait avec elle.

Tous deux se marièrent le jour de l'an, et le peuple fut transporté de joie. On sonna les cloches dans tout le pays. On dansa dans les rues, on s'égaya, on s'amusa, on fit la fête et la foire du matin jusqu'au soir. Personne n'avait jamais connu couple plus heureux.

Mais, au bout d'une année environ, tout avait changé. L'allégresse avait disparu. Chacun pouvait voir qu'un grand chagrin

s'était abattu sur la princesse, telle une ombre obscure.

Elle ne souriait, ni ne riait plus jamais. Elle ne chantait pas. Elle ne dansait plus. Elle restait des jours et des jours sans parler. Parfois, elle ne mangeait même plus. Le prince Frederico ne parvenait pas à comprendre ce qui était arrivé à sa princesse adorée. Ni personne d'autre, d'ailleurs. C'était un vrai mystère.

La lumière quittait ses yeux. Ses joues perdaient leur éclat. Chaque soir, la princesse s'asseyait à côté de son prince dans la grande salle du palais, sans toucher à son assiette, sans parler à personne. Elle paraissait perdue dans sa propre tristesse, incapable d'en sortir.

Le prince Frederico faisait ce qu'il pouvait pour la rendre à nouveau heureuse, pour lui réchauffer le cœur.

Chaque année à Noël, pour lui témoigner son amour, il la couvrait de cadeaux, et de robes tissées de soie fine. Il lui fit aussi présent de rubis, d'émeraudes, de saphirs, et d'un couple de colombes blanches qui roucoulaient sous sa fenêtre, lorsque la princesse s'éveillait le matin.

Il lui offrit des perruches, des paons, des suricates et des singes, ainsi que deux lévriers pour qu'ils restent toujours auprès d'elle et lui manifestent un amour fidèle.

Rien, cependant, ne semblait lui redonner la joie. Aucun époux n'aurait pu se montrer plus gentil, plus aimant que le prince. Il faisait de son mieux pour tenter de comprendre ce qui avait pu enfermer la princesse dans une telle tristesse.

– Nous pourrons être de nouveau heureux ensemble, ma bien-aimée, lui disait-il. Tout ira bien. Je te le promets. Si seulement tu voulais bien me dire ce qui te fait tant de peine, alors je m'efforcerais d'arranger les choses pour toi, et de te rendre le bonheur. Ai-je fait quelque chose de mal ?

Mais les aimables paroles du prince, de même que ses somptueux cadeaux, la laissaient de marbre. Elle détournait la tête, et gardait le silence.

Même lorsqu'il la prenait dans ses bras et l'embrassait tendrement, elle semblait toujours loin de lui, plongée dans son chagrin. Le prince en avait le cœur brisé. Rien de tout ce qu'il faisait ne semblait pouvoir l'aider. Le médecin du palais rendait visite à la princesse chaque jour, mais il était aussi déconcerté et perplexe que n'importe qui d'autre. Aucun des remèdes qu'il lui prescrivait n'avait le moindre effet.

La pauvre Serafina ne pouvait échapper à son chagrin, pas même dans ses rêves. Toute la nuit elle restait allongée sans dormir. Toute la journée elle restait assise dans sa chambre, indifférente aux mets les plus raffinés, les plus délicatement épicés que le prince Frederico lui apportait. Elle ne mangeait qu'un peu de fruits, ne buvait qu'un peu d'eau. Rien d'autre. Elle était accablée de tristesse. « Peut-être sera-t-elle plus gaie, pensa le prince, lorsque le ciel gris de l'hiver se sera dissipé. »

Après une attente interminable, le printemps arriva enfin, les oiseaux se remirent à chanter, et les jonquilles dansèrent au soleil. Mais la princesse demeurait toujours aussi triste. Le prince Frederico craignait à présent pour la vie de Serafina, et le médecin du palais aussi.

– Elle se meurt peu à peu, prince, lui dit le médecin, les yeux remplis de larmes. Elle semble avoir perdu l'envie de vivre. Si elle ne veut plus de la vie, alors ni moi ni personne n'y pouvons plus grand-chose. Tout ce que je pourrais vous conseiller, c'est de lui faire prendre l'air frais du printemps. Peut-être qu'une promenade à cheval chaque jour lui sera profitable.

Aussi, le lendemain matin, le prince Frederico l'emmena-t-il faire une longue promenade à cheval sur les collines, là où l'air était pur, vivifiant, là où ils pouvaient contempler le pays qui s'étendait devant eux, et voir combien il était vert, magnifique, sous le ciel d'un bleu sans nuages.

Il passa son bras autour de sa taille.

– N'est-ce pas le plus bel endroit de la terre, ma chérie ? murmura-t-il. Ici, on sent la douceur de vivre, tu ne trouves pas ?

Mais la princesse Serafina ne répondit pas. Elle fixait les champs de blé, ne voyant que le vide, ne ressentant que la solitude.

Lorsque le printemps laissa place à l'été, la princesse était devenue trop faible même pour monter à cheval. Mais le prince l'aimait beaucoup trop pour renoncer à l'aider. Jour après jour, il l'emmenait se promener à pied dans la campagne. Rien, cependant, ne semblait plus trouver grâce aux yeux de Serafina, ni la tiédeur de la brise qui caressait son visage, ni les vautours qui décrivaient des cercles en lançant leur cri au-dessus des collines, ni l'alouette qui prenait son envol dans les champs et s'élevait dans le ciel, ni les saumons qui bondissaient dans l'eau, ni

le bruissement des saules au bord de la rivière. Rien ne touchait son cœur.

Puis vint l'automne. La princesse était trop malade, à présent, pour se promener chaque jour avec le prince. Il s'asseyait donc auprès d'elle à la fenêtre, lui tenait la main en priant, espérant le premier signe d'une guérison miraculeuse. Rien ne venait. Les douces brumes matinales s'étendaient sur la prairie. Les arbres resplendissaient de couleurs rouges, or et orangées sous le soleil de l'après-midi.

Mais la princesse n'y voyait aucune beauté, elle n'en tirait aucune joie.

Vint ensuite l'hiver avec ses vents rugissants et ses violentes tempêtes. Le prince s'asseyait maintenant dans la chambre de la princesse, près du feu. Il lui lisait des histoires pendant les longues et sombres veillées, même s'il savait qu'elle ne l'écoutait pas. Une semaine environ avant Noël, la princesse devint trop faible pour se lever de son lit. Le médecin du palais hocha la tête et dit au prince qu'il ne connaissait aucun remède qui puisse la sauver désormais, qu'il devait donc se préparer au pire.

– Non ! s'écria le prince. Elle ne mourra pas. Je ne la laisserai pas mourir.

Mais au fond de son cœur il avait peur de ne plus pouvoir rien faire.

À l'intérieur du palais, puis au-dehors, se répandit rapidement la nouvelle que la princesse était mourante, et qu'il ne s'agissait plus que d'une question de jours. Le grand chambellan ordonna d'interrompre tous les préparatifs de Noël, d'enlever le houx, d'ôter le sapin de la grande salle, et il annonça qu'on ne fêterait pas Noël cette année-là.

Dans l'entourage du prince, ce n'était que tristesse et compassion pour lui. Les amis, la famille pleuraient ouvertement. C'était plus qu'il ne pouvait endurer. Il ne voulait qu'une chose, à présent : échapper à tout cela. Il sauta sur son cheval et partit au galop dans la campagne, afin d'être seul. Il chevaucha longtemps, laissant libre cours à ses larmes, hurlant dans le vent, dans le blizzard aveuglant qui tourbillonnait soudain autour de lui. Il continua de galoper à travers la tempête de neige, ne sachant plus quelle distance il avait parcourue, ni où il était, d'ailleurs il ne s'en souciait guère.

Mais bientôt son cheval refusa d'aller plus loin. La neige était trop profonde, le vent trop violent. Aussi, lorsque le prince aperçut la fenêtre éclairée d'une maisonnette, il sut qu'il lui fallait s'arrêter et chercher un abri.

En approchant, cependant, et en mettant pied à terre, il constata que ce n'était pas du tout une maison, mais une roulotte, une roulotte de gens du voyage.

Il monta les marches et frappa à la porte.

Un jeune garçon souriant lui ouvrit et l'invita aussitôt à entrer. Il ne semblait pas surpris de le voir. En fait, le prince eut comme l'impression qu'il était attendu par toute cette famille de voyageurs, à en juger par leur générosité, leur spontanéité, et la chaleur sans partage de leur accueil.

Ils s'occupèrent du cheval du prince, l'emmenèrent à l'écurie avec les leurs, s'empressèrent de le brosser et de le nourrir.

Ensuite, ils installèrent le prince près du poêle, et lui donnèrent un bol de soupe brûlante pour le réchauffer. À la lueur des lanternes, il distingua une bonne douzaine de visages qui le regardaient boire sa soupe. Certains étaient vieux, d'autres jeunes, mais tous étaient bienveillants.

Il n'y avait pas de tristesse, ici, partout où il regardait, il ne voyait que des sourires, n'entendait que des rires.

Personne ne semblait savoir qui il était. Pour eux, il n'était qu'un inconnu qu'ils avaient recueilli dans la tempête.

Toute la soirée, il resta avec eux, tandis qu'ils chantaient leurs chansons et racontaient leurs histoires. Puis le vieux grand-père, le chef de famille, se pencha vers le prince pour lui parler :

– Vous avez entendu nos chansons, étranger, vous avez entendu nos histoires. N'y a-t-il pas une chanson que vous aimeriez nous chanter ? N'y a-t-il pas une histoire que vous aimeriez nous raconter ?

Le prince réfléchit un instant. Il n'y avait qu'une seule histoire dans sa tête.

– Je peux vous raconter ce qui est arrivé à un prince

qui vivait dans un palais, et à une belle princesse qu'il aimait plus que lui-même. Ils avaient été heureux autrefois, jusqu'à ce que…

Et il fit le récit de ses mésaventures. Comme il arrivait à la fin, l'un des enfants leva la tête et s'écria :

– Est-ce que la princesse est morte ? Je ne veux pas qu'elle meure.

– Moi non plus, répondit le prince. Je voudrais que mon histoire finisse bien. Je voudrais tellement que la princesse vive ! Mais, vois-tu, je ne sais pas comment la sauver de sa tristesse, comment lui rendre le bonheur. Vous paraissez tous si heureux, ici, quel est donc votre secret ?

– Oh, c'est très simple, répondit le vieux grand-père, en tapotant sa pipe sur le poêle. Nous sommes ce que nous voulons être. Nous sommes des voyageurs, et nous ne cessons de voyager. Nous allons où nous portent nos pas. Comme tout le monde, nous

avons nos ennuis, nous avons nos chagrins. Mais nous essayons de garder le sourire. C'est le plus important, de garder le sourire. Si seulement la princesse de votre histoire parvenait à sourire, alors les choses s'arrangeraient pour elle, et votre histoire aurait une fin heureuse. J'aime les fins heureuses. Pourtant, et c'est étrange, les histoires qui finissent bien nous font souvent pleurer, n'est-ce pas ? C'est drôle. Le rire et les larmes sont très proches. Nous avons sans doute besoin d'un peu des deux.

Le vieux grand-père ralluma sa pipe avant de poursuivre :

– Votre prince, dans l'histoire, il aime beaucoup sa princesse, non ?

– Plus que son royaume, répondit le prince. Il donnerait tout son royaume pour la voir de nouveau heureuse.

– Alors, c'est peut-être ce qu'il devra faire, conclut le vieil homme.

Le prince resta éveillé toute la nuit, allongé à côté du poêle, tandis que la famille dormait sur le sol autour de lui. Et, pendant tout ce temps, il pensa à ce que lui avait dit le vieux grand-père. Dehors, la tempête s'apaisait.

Au matin, le prince savait ce qu'il devait faire pour sauver Serafina, sa bien-aimée. Il avala un solide petit déjeuner avec la famille, et les remercia tous du fond du cœur de leur gentillesse. Puis, après leur avoir souhaité un joyeux Noël, il remonta sur son cheval et retourna chez lui sous la neige, en espérant ardemment que l'état de la princesse Serafina ne se serait pas aggravé lorsqu'il arriverait là-bas.

Elle n'allait pas plus mal, mais elle n'allait pas mieux non plus. Le prince Frederico savait qu'il n'y avait pas de temps à perdre. Il réunit aussitôt ses conseillers.

– Envoyez des messagers dans tous les coins du pays, leur ordonna-t-il. Dites au peuple que j'abandonnerai mon royaume tout entier, mes titres, mes terres, et tout ce que je possède à celle ou à celui qui parviendra à rendre le sourire à la princesse.

Les conseillers protestèrent à grands cris, mais le prince refusa de discuter.

– Je veux que l'on proclame que quiconque en sera capable, et souhaitera obtenir mon royaume, devra venir au palais à Noël, c'est-à-dire dans deux jours.

Il se tourna vers le grand chambellan.

– Pendant ce temps, nous organiserons des réjouissances dans le palais, à travers tout le pays, comme nous le faisons toujours à ce moment de l'année. Je ne veux plus de tristesse. Je veux que la princesse ressente la joie de Noël autour d'elle. Je veux que ce palais retentisse de rires. Je veux entendre s'élever les chants. Je veux qu'elle sente le fumet des tartes et des gâteaux, du porc et des oies rôtissant sur leur broche. Je veux que tout se passe comme d'habitude. Nous sommes peut-être tristes, mais nous devons faire croire que nous sommes gais. Il faut qu'elle sache que Noël est le plus beau des jours. Il faut qu'elle l'entende, qu'elle en soit convaincue.

Des messagers furent donc envoyés au loin, dans chaque vallée, dans chaque hameau, dans chaque ville du royaume.

Pendant ce temps, comme le prince l'avait ordonné, toutes les pièces, toutes les salles du palais furent à nouveau décorées, et les jeux, les réjouissances, recommencèrent.

Le jour de Noël, aux premières lueurs de l'aube, la cour du palais fut remplie de saltimbanques et de bouffons, de jongleurs, d'acrobates, de contorsionnistes, tous vêtus de merveilleux costumes aux couleurs éclatantes, tous répétant leur numéro. Il y avait aussi des animaux – des éléphants d'Inde, des poneys d'Espagne, des chimpanzés d'Afrique.

Dans la grande salle, les gens attendaient que le prince Frederico apparaisse et, quand ils le virent enfin descendre l'escalier, portant la princesse dans ses bras, ils se levèrent, les acclamèrent chaleureusement, et leur présentèrent leurs meilleurs vœux, espérant de tout leur cœur que Serafina allait sourire.

La princesse paraissait si pâle, si frêle, que beaucoup pensèrent qu'elle ne verrait pas le Nouvel An. Mais ceux qui étaient là, ce jour de Noël, savaient que c'était sa dernière chance, son seul espoir, et qu'ils avaient un rôle à jouer. Ils feraient tout ce qu'ils pourraient pour l'égayer, pour lui faire savoir combien ils l'aimaient. Lorsque les grandes portes s'ouvrirent et qu'entra le premier des artistes, un bouffon avec un seau sur la tête, ce fut un éclat de rire général, chacun jetant de temps en temps un coup d'œil vers la princesse, dans l'attente de la voir sourire.

Les uns après les autres, les bouffons et les saltimbanques entrèrent pour faire leur numéro. Ils batifolaient, tournoyaient, se faisaient des croche-pieds, roulaient sur eux-mêmes, mais pendant tout le spectacle la princesse resta de marbre. Les jongleurs et les acrobates, les meilleurs du royaume, faisaient la roue autour de la salle en exécutant des sauts périlleux. Ils émerveillaient et captivaient tout le monde, sauf la

princesse. Tout le monde hurlait de rire devant les contorsionnistes qui entremêlaient leurs membres, tout le monde, sauf la princesse.

Lorsque les éléphants vinrent en trompetant, portant sur leur dos les chimpanzés qui gloussaient, lorsque les poneys dansèrent et bondirent au rythme de la musique, Serafina contempla le spectacle d'un air absent, le cœur vide, sans éprouver le moindre amusement. Quand les derniers artistes quittèrent la salle et que les hautes portes se refermèrent sur eux, un grand silence tomba, un silence lourd de chagrin. Le prince Frederico savait, comme les autres, qu'il n'y avait plus d'espoir, que rien sur terre ne pourrait dissiper les ténèbres dans lesquelles la princesse s'était enfoncée, qu'elle était perdue à jamais.

Mais, juste à ce moment-là, l'une des grandes portes s'ouvrit en grinçant, et un visage apparut dans l'entrebâillement. Un visage masqué.

– Qui êtes-vous ? demanda le prince Frederico, tandis qu'une troupe de comédiens pénétrait dans la salle.

Ils ne portaient pas de costume, simplement des masques. On voyait que certains étaient plus âgés, d'autres plus jeunes. Il y avait des femmes, il y avait des hommes.

Mais tous avançaient avec légèreté, tels des danseurs. Les mains jointes, ils parcoururent ensemble la grande salle jusqu'à l'endroit où le prince et la princesse étaient assis.

– Qui êtes-vous ? répéta le prince.

– Nous sommes un âne, dit l'un.

– Nous sommes un chameau, dit l'autre.

– Nous sommes une vache.

–Je suis un mouton.

–Je suis une chèvre.

–Je suis une oie.

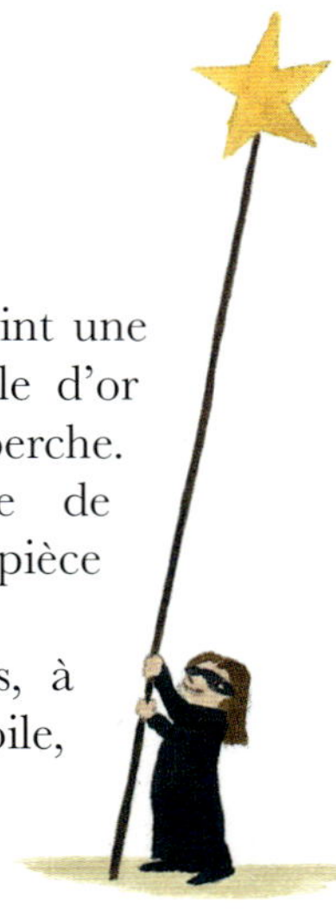

– Et moi, je suis une étoile, intervint une petite voix flûtée, tandis qu'une étoile d'or apparaissait au bout d'une longue perche. Nous avons préparé un spectacle de marionnettes pour la princesse, une pièce de Noël pour lui réchauffer le cœur.

Sur ces mots, tous les comédiens, à l'exception de l'enfant qui tenait l'étoile, ressortirent.

Quelques instants plus tard, une oie surgit sur le seuil de la grande porte, jetant de tous côtés des regards impérieux, comme si le palais lui appartenait. Puis, d'un pas audacieux, comme si personne d'autre n'avait le droit d'être là, elle entra dans la vaste salle en se dandinant, s'arrêtant pour faire signe à un mouton, à une chèvre et à une vache qui se trouvaient derrière elle, de la suivre. C'étaient des marionnettes grandeur nature, toutes manipulées – l'oie aussi – par des marionnettistes masqués. Ils parvenaient à leur insuffler tant de vie que bientôt on ne regarda plus que les animaux eux-mêmes, les marionnettistes devenant presque invisibles. Menés par cette oie autoritaire, qui était devenue très vite la chouchoute du public, les animaux s'installèrent pour dormir sous l'étoile d'or. Un âne entra alors, un âne qui semblait bien las. Sur son dos, il portait une dame enveloppée dans une cape sombre. Chacun comprit qu'il s'agissait de Marie, bien sûr. Et celui qui menait l'âne, c'était Joseph. Il l'aida à mettre pied à terre, la conduisit vers les autres animaux qui dormaient, et la fit asseoir pour qu'elle puisse se reposer. Tous se mirent à chanter un cantique de Noël. « Ô belle nuit, ô douce nuit, tout est calme et tout brille. »

Lorsqu'ils arrivèrent à la fin de la chanson, Marie écarta doucement les pans de sa cape, et tout le monde vit le bébé qui se trouvait à l'intérieur.

Une exclamation étouffée s'éleva du public lorsqu'il s'aperçut que l'enfant aussi était une marionnette. Ses petits poings s'agitaient dans l'air. Il donnait des coups de pied. Il criait. Il gazouillait. Soudain, la princesse se redressa, elle porta la main à sa bouche, et des larmes ruisselèrent sur ses joues. Voyant à quel point elle était bouleversée, le prince se leva aussitôt d'un bond pour interrompre le spectacle mais, avant qu'il ait pu faire un geste, elle lui posa la main sur le bras.

– Laisse-les, mon bien-aimé, murmura-t-elle. Je veux tout voir, je veux voir la pièce en entier.

À ce moment, trois chameaux franchirent les grandes portes, menés par des marionnettistes qui se cachaient à l'intérieur. C'étaient des êtres vivants, on les sentait respirer, ils remuaient la tête pour essayer de se défaire de leur bride, donnaient des coups de queue, ruminaient, grognaient en marchant. Et sur le dos de chacun d'eux se tenait un Roi mage chargé de cadeaux.

L'oie s'éveilla soudain, très mécontente de cette intrusion. Elle tourna autour des trois rois en sifflant, la tête basse, les ailes déployées, tandis qu'ils présentaient leurs cadeaux à Marie et au bébé. Puis, sifflant de plus belle, telle une douzaine de serpents furieux, elle se tourna vers les chameaux et les chassa dans la nuit, les trois rois se précipitant derrière eux dans la plus grande confusion.

Les rires et les applaudissements retentirent dans la salle. L'oie salua, puis alla regarder le bébé, avant d'aller se rendormir à côté du mouton, de la chèvre et de la vache.

À cet instant précis, qui donc pouvait faire son entrée, sinon un groupe de bergers qui paraissaient un peu perdus et désorientés. Pour le moment, l'oie continuait de dormir. Les bergers trouvèrent le bébé et s'agenouillèrent devant lui pour lui rendre hommage. Ils commencèrent à lui chanter un cantique, une berceuse :

Dors, mon bébé, d'un très profond sommeil,
Sur toi les anges divins veillent,
Et leurs bénédictions
Doucement caressent ton front.

Tandis qu'ils chantaient, le prince vit que la princesse pleurait toujours, mais soudain, comme par miracle, elle se mit à sourire, à sourire à travers ses larmes. Puis, lorsque l'oie s'éveilla à nouveau, qu'elle vit les bergers, et se mit à les pourchasser tout autour de la grande salle, la princesse se leva, pleurant encore, mais de rire, cette fois.

– J'adore cette oie ! s'écria-t-elle. J'adore cette oie !

Tout le monde s'était levé, à présent, pour applaudir et acclamer les montreurs de marionnettes qui s'avançaient pour saluer. Les applaudissements continuèrent longtemps, car tous voyaient que la princesse aussi applaudissait et riait avec les autres, ses yeux brillant à nouveau de joie de vivre. Plusieurs minutes s'écoulèrent avant que le silence revienne dans la salle.

Le prince prit alors la parole :

– Vous avez fait sourire ma princesse, dit-il aux artistes. Vous l'avez fait rire. Aussi, comme je l'ai promis, mon royaume vous appartient.

Un par un, les comédiens ôtèrent leur masque, et le prince les reconnut. C'était la famille de voyageurs qui l'avait recueilli dans la tempête de neige, et à qui il avait raconté son histoire.

– Nous ne voulons pas de votre royaume, répondit le vieux grand-père, nous voulions simplement être sûrs que votre histoire finirait bien, que la princesse apprendrait de nouveau à sourire. C'est ce qui s'est passé. Les plus beaux jours reviendront bientôt pour elle, et pour vous tous, dans cet heureux pays.

– Alors restez au moins quelque temps avec nous, restez pendant les fêtes, proposa le prince, pour que d'une modeste manière, je puisse vous remercier de votre gentillesse et de votre hospitalité.

Les comédiens acceptèrent et festoyèrent, mais ils ne voulurent pas passer la nuit au palais.

– Les voyageurs, dit le vieux grand-père, en remontant dans la caravane, ne restent jamais bien longtemps au même endroit. Nous aimons voyager sans cesse. Nous allons là où nous portent nos pas. Mais, avant de partir, nous voudrions vous offrir un cadeau de Noël. Notre petite oie. Nous lui en avons parlé. Elle dit qu'elle sera très heureuse de vivre dans un palais, du moment que vous ne la mangez pas.

Ainsi, laissant l'oie derrière eux, ils reprirent leur chemin dans la nuit. Personne ne savait d'où ils étaient venus. Personne ne savait où ils allaient. Personne ne les revit jamais.

L'année suivante à la même période, la princesse Serafina n'avait pas seulement retrouvé santé et bonheur, elle avait aussi un bébé dans les bras, et c'était précisément ce qu'elle avait désiré pendant tout ce temps. Dans la pièce qu'ils présentèrent dans la grande salle, le jour de Noël, la princesse joua Marie, et son enfant joua le nouveau-né, agitant à merveille les pieds et les poings. L'oie, bien sûr, insista pour continuer à jouer le rôle de l'oie. Ce n'était pas un animal ouvert à la discussion. Et en son honneur – de peur qu'elle ne l'apprenne – personne ne mangea plus d'oie rôtie à Noël.

Crédits

Merci aux auteurs et illustrateurs qui ont eu l'obligeance de nous accorder l'autorisation de reproduire leur œuvre dans cette anthologie. Leur confiance nous honore et leur participation nous est précieuse.

Zébulon le dragon, de Julia Donaldson et Axel Scheffler. Publié par Alison Green Books, un imprint de Scholastic Children's Books, Londres. Titre original : *Zog*. © Julia Donaldson 2010, pour le texte. © Axel Scheffler 2010, pour les illustrations. © Gallimard Jeunesse 2010, pour la traduction française. Traduction d'Anne Krief.
La belle au bois dormant, de Charles Perrault et Charlotte Roederer. © Gallimard Jeunesse 2011.
Le Roi BéBé, d'Alex Sanders. © Gallimard Jeunesse 1996.
La princesse Finemouche, de Babette Cole. Publié par Hamish Hamilton, Londres. Titre original : *Princess Smartypants*. © Babette Cole 1986, pour le texte et les illustrations. © Éditions du Seuil 1986, pour la traduction française. Traduction de Marie-France de Paloméra.
Noémie Princesse fourmi, d'Antoon Krings. © Gallimard Jeunesse 2011.
Raiponce, des frères Grimm et Emma Chichester Clark. Reproduit avec l'autorisation d'Orchard Books, une division de Hachette Children's Books. Extrait de l'ouvrage *The Sleeping Princess and other Fairy Tales from Grimm*, de Saviour Pirotta et Emma Chichester Clark. © Emma Chichester Clark 2002, pour les illustrations. © Éditions Gallimard 1996, pour la traduction française. Traduction de Jean Amsler.
Le voyage en bras long de la famille Motordu, de Pef. Mis en couleurs par Geneviève Ferrier. © Gallimard Jeunesse 2006.
Le Petit Prince voyage, d'après Antoine de Saint-Exupéry. © Succession Antoine de Saint-Exupéry 2003. © Gallimard Jeunesse 2003, pour l'édition tout-carton.
Adrien qui ne fait rien, de Tony Ross. Publié par Andersen Press Ltd, Londres. Titre original : *Lazy Jack*. © Tony Ross 1986, pour le texte et les illustrations. © Gallimard Jeunesse 1986, pour la traduction française. Traduction de Geneviève Brisac.
Riquet à la houppe, de Charles Perrault et Charlotte Gastaut. © Gallimard Jeunesse 2009.
Le jardin de Princesse Camomille, de Hiawyn Oram et Susan Varley. Publié par Andersen Press Ltd, Londres. Titre original : *Princess Camomile's Garden*. © Hiawyn Oram 2000, pour le texte. © Susan Varley 2000 pour les illustrations. © Gallimard Jeunesse 2000, pour la traduction française. Traduction de Laurence Model.
Cendrillon, de Charles Perrault et Caroline Dall'Ava. © Gallimard Jeunesse 2010.
Le Petit Prince sur sa planète, d'après Antoine de Saint-Exupéry. © Succession Antoine de Saint-Exupéry 2003. © Gallimard Jeunesse 2003, pour l'édition tout-carton.
Je veux deux anniversaires !, de Tony Ross. Publié par Andersen Press Ltd, Londres. Titre original : *I Want Two Birthdays!* © Tony Ross 2008, pour le texte et les illustrations. © Gallimard Jeunesse 2008, pour la traduction française. Traduction d'Anne de Bouchony.
Le prince amoureux, de Michael Morpurgo et Emma Chichester Clark. Publié par Egmont UK Limited, Londres. Titre original : *The Best of Times*. © Michael Morpurgo 2009, pour le texte. © Emma Chichester Clark 2009, pour les illustrations. © Gallimard Jeunesse 2009, pour la traduction française. Traduction de Diane Ménard.

Malgré tous nos efforts, des erreurs ont pu se glisser dans ces crédits. Nous prions les éditeurs, auteurs, illustrateurs et leurs ayants droit de bien vouloir nous en excuser.

Dans la même collection

Les plus belles histoires pour les enfant de 3 ans

Les plus belles histoires pour les enfant de 4 ans

Les plus belles histoires pour les enfant de 5 ans

Les 25 plus belles histoires de Noël

Le Trésor de l'enfance

Les 15 plus belles histoires pour les petits garçons

Les 15 plus belles histoires pour les petits filles

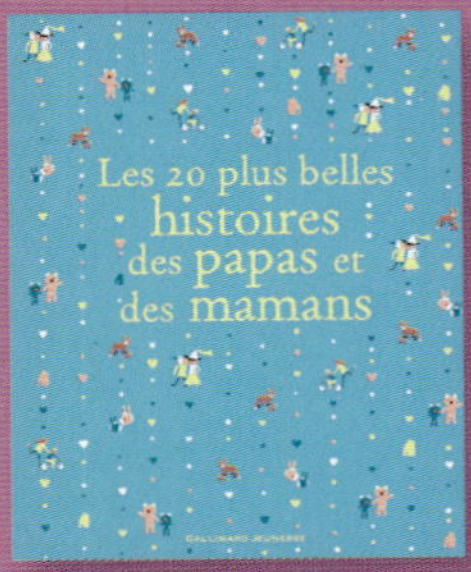

Les 20 plus belles histoires des papas et des mamans

Les 20 plus belles histoires à lire le soir

Les 30 plus belles histoires pour les tout-petits

Le grand livre de la petite princesse

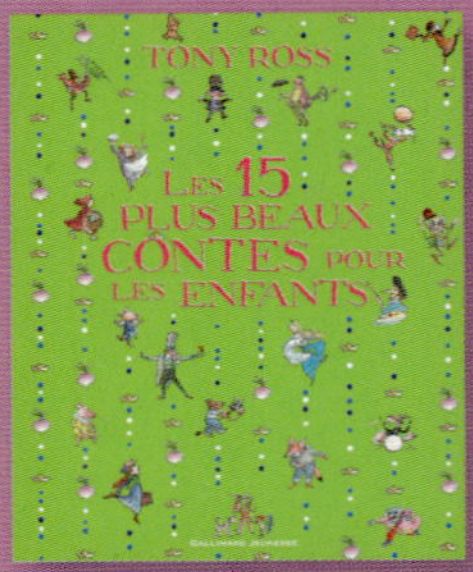

Les 15 plus beaux contes pour les enfants

Le grand livre de contes de Gallimard Jeunesse

Les 40 plus belles comptines et chansons